峨眉拳 峨眉剑

刘 涛 刘金丽 主编

人民体育出版社

图书在版编目（CIP）数据

峨眉拳　峨眉剑/刘涛,刘金丽主编. -- 北京：人民体育出版社,2024（2024.10重印）
ISBN 978-7-5009-6326-4

Ⅰ.①峨… Ⅱ.①刘…②刘… Ⅲ.①拳术—基本知识—中国②剑术(武术)—基本知识—中国 Ⅳ.①G852.19②G852.24

中国国家版本馆CIP数据核字(2023)第113309号

*

人 民 体 育 出 版 社 出 版 发 行
北京中献拓方科技发展有限公司印刷
新　华　书　店　经　销

*

710×1000　16开本　11.5印张　210千字
2024年5月第1版　2024年10月第2次印刷

*

ISBN 978-7-5009-6326-4
定价：54.00元

社址：北京市东城区体育馆路8号（天坛公园东门）
电话：67151482（发行部）　　　邮编：100061
传真：67151483　　　　　　　邮购：67118491
网址：www.psphpress.com
（购买本社图书，如遇有缺损页可与邮购部联系）

编委会

顾　问：习云泰　邓昌立

主　编：刘　涛　刘金丽

副主编：张　浩　张小鸥　邹　蓉

编　委：（以姓氏笔画为序）

　　　　可　雯　冯柯豪　李　雨　李瑞鹏

　　　　陈炳含　杨文汉　杨均陈　彭宇廷

作者简介

刘涛 男，1967年1月出生，教授，成都体育学院武术学院套路教研室主任。中国武术七段，武英级运动员，国家级裁判员，硕士生导师。

研究方向：民族传统体育武术套路技术与理论。

获奖及荣誉：

《武术精品课程建设与实践》，2009年荣获国家体育总局教学成果三等奖；

全国体育院校枪术冠军，双钩银牌，通臂拳银牌，全国武术锦标赛枪术冠军；

2015年荣获香港最佳教练员奖。

刘金丽 女，1973年11月出生，国家武英级运动员，武术国家级裁判员，中国武术六段，中国武术段位考评员、指导员。现担任成都体育学院武术套路代表队主教练。

主要从事武术套路、健身气功的教学与训练工作，擅长项目有峨眉拳、峨眉枪、峨眉剑等。带队参加全国体育院校武术锦标赛、中国大学生武术锦标赛、全国高等院校健身气功比赛，中国·四川国际峨眉武术节等国际国内武术赛事取得金牌30余枚、银牌20余枚、铜牌30余枚的优异成绩。多次参加国际国内各项武术赛事的裁判工作，并荣获"优秀裁判员""武德风尚奖教练员"等称号。发表论文10余篇，出版专著2部，参编教材2部。

目 录

第一章 峨眉拳概述 …………………………………………（1）

第一节 峨眉拳的历史沿革 ………………………………（1）
一、峨眉拳的文化起源 …………………………………（1）
二、峨眉拳的文化蕴藏 …………………………………（5）
三、峨眉武术的传承与发展 ……………………………（6）

第二节 峨眉拳的风格特点 ………………………………（9）
一、峨眉拳的桩法特点 …………………………………（9）
二、峨眉拳的技击特点 …………………………………（10）

第二章 峨眉拳基本手型和步法 ……………………………（12）

第一节 峨眉拳基本手型 …………………………………（12）
第二节 峨眉拳基本步法 …………………………………（13）

第三章 峨眉拳套路动作图解 ………………………………（15）

第一节 峨眉拳拳谱名称 …………………………………（15）
第二节 峨眉拳套路动作图解 ……………………………（16）
第三节 峨眉拳套路动作路线图 …………………………（66）

第四章　峨眉拳对练技击动作图解……………………………（69）

第五章　峨眉剑概述………………………………………………（89）

第一节　峨眉剑的历史沿革………………………………………（89）
　　一、峨眉剑的起源…………………………………………………（89）
　　二、峨眉剑的发展…………………………………………………（90）

第二节　峨眉剑的演练风格………………………………………（90）
　　一、峨眉剑的风格特点……………………………………………（90）
　　二、峨眉剑的练习方法……………………………………………（92）

第六章　峨眉剑基本动作与基础练习……………………………（94）

第一节　峨眉剑的基本动作………………………………………（94）
　　一、基本手型及持握方法…………………………………………（94）
　　二、基本步型与步法………………………………………………（95）

第二节　峨眉剑的基础练习………………………………………（98）
　　一、主要身法和基本剑法…………………………………………（98）
　　二、单个动作和组合动作…………………………………………（104）

第七章　峨眉剑套路动作图解……………………………………（118）

第一节　峨眉剑剑谱名称…………………………………………（118）
第二节　峨眉剑套路动作图解……………………………………（120）
第三节　峨眉剑套路动作路线图…………………………………（172）

参考文献……………………………………………………………（175）

第一章 峨眉拳概述

第一节 峨眉拳的历史沿革

一、峨眉拳的文化起源

自古以来，巴蜀大地物宝天华，幅员辽阔，在这片土地上孕育出了众多光辉、集练、用、养为大成的武术流派，峨眉武术以其独有的地域特色、技法特色、技击特色闻名于世，与少林武术、武当武术并称为"中华三大武术流派"。峨眉武术以攻防技击为核心，融合拳术、器械技法为一体，同时兼顾导引调息的辅助习练功法，在我国武术史上占有重要地位。在历史长河中，峨眉武术文化不断发展，开枝散叶，形成了丰富多彩的拳种套路，同时有着区别于其他流派的文化特征，在起源上有着它的地域特殊性。

"文化"一词，最早出现在《易经》贲卦象传中，写道："刚柔交错，天文也；文明以止，人文也。观乎天文，以察时变，观乎人文，以化成天下。"文化是人类在社会历史发展过程中创造的物质财富和精神财富的总和，是能够被传承和传播的国家或民族思维方式、价值观念、生活方式、行为规范、艺术文化、科学技术等，又因其不同表现特征分为物质文化和非物质文化，是人们发展进程中所有物质表象与精神内在的整体。峨眉武术作为"中华三大武术流派"之一，也是一种文化现象。特定文化的出现并不是一朝一夕就能形成的。纵观历史，峨眉武术的产生与发展连接着我国历史各个朝代，在最初产生和积累的过程中，必然与当时的历史背景相联系，源于特定的历史条件和事件，在经历了较长时间的积淀后逐步酝酿而成。峨眉武术宛如历史长河夜空中的启明星，在若隐若现中述说着它的故事。

人是创造历史、见证历史并记录历史的执笔者。根据历史传说与史料文献的记载，所有峨眉武术的起源慢慢指向一个人：先秦时，有号为司徒玄空者，隐居耕作于峨眉山中，与峨眉灵猴为伍，仿灵猴动作，创峨眉通臂拳，因其姓白，又喜穿白衣，故被称为"白猿公"，艺传众人。

不仅如此，在近代组织整理的资料中也屡屡提到司徒玄空的名号。

1985年由人民体育出版社出版的《中国武术史》中就有"战国白猿，姓白名士口，字衣三，号灵动子"的表述。

1989年四川省体委（现四川省体育局）主持编撰的《四川武术大全》中记载："春秋战国白猿公，字衣三，即峨眉山的司徒玄空。"

2001年重修的《乐山市志》在有关峨眉武术的词条中写道："白衣三，相传战国时仿山猿动作创编峨眉通臂拳，攻防灵活，在峨眉山授徒甚众。"

通过以上编著资料可以大致确定，峨眉武术的起源发展离不开一位被称为"白猿公"的人——司徒玄空，他所在的时代大多数记载为春秋战国时期，这是一个百家争鸣、人才辈出、学术风气活跃的伟大时代，也是中国历史上的一段大分裂时期，由春秋和战国两个时期共称，前后跨越约550年（公元前770年—公元前221年）。在此基础上，继续探寻相关历史资料发现，最早描述"白猿公"的文字记载于一本名为《吴越春秋》的书中，此书由东汉学者赵晔所著，原书十二卷，隋以后缺轶二卷，书中清晰地记载了有关白猿公的传说，《吴越春秋·勾践阴谋外传第九》中写道：

越王又问相国范蠡曰："孤有报复之谋，水战则乘舟，陆行则乘舆，舆舟之利，顿于兵弩。今子为寡人谋事，莫不谬者乎？"范蠡对曰："臣闻古之圣君，莫不习战用兵，然行阵队伍军鼓之事，吉凶决在其工。今闻越有处女，出于南林，国人称善。愿王请之，立可见。"越王乃使使聘之，问以剑戟之术。

处女将北见于王，道逢一翁，自称曰袁公。问于处女："吾闻子善剑，愿一见之。"女曰："妾不敢有所隐，惟公试之。"于是袁公即拔箂篸竹，竹枝上枯槁，未折堕地，女即捷末。袁公操其本而刺处女。

处女应即入之，三入，因举杖击袁公。袁公则飞上树，变为白猿。遂别去。

通过上文中故事我们可以了解到，越王勾践与范蠡商讨向吴王夫差复仇一事，范蠡听闻有一越女善剑，可请她教将士剑戟之术。越女北上觐见途中遇一老翁，此人自称袁公，与越女比试剑法，两人切磋武艺，点到为止，老翁随后化作白猿攀树而去。

故事虽有艺术化成分在其中，但是也能大致确定"白猿公"司徒玄空所在的历史时期为越王勾践时代，即公元前496年至公元前464年期间。除此之外，有关白猿公的记载也经常出现在文学作品之中。

李白在《结客少年场行》一诗中写道："少年学剑术，凌轹白猿公。珠袍曳锦带，匕首插吴鸿。"此诗塑造了一位师承白猿公的剑术高人，纵横江湖的少年侠士。诗人杜甫，也写过一首与白猿公有关的诗，在《题永崇西平王宅太尉愬院六韵》中写道："授符黄石老，学剑白猿翁。矫矫云长勇，恂恂郤縠风。"李白与杜甫都是唐代有名的诗人，李白更是受道家思想的影响，好剑术，喜任侠，两位诗人不约而同地在诗中提到白猿公，可见从春秋时期的越王勾践时代到唐代，司徒玄空和峨眉武术文化的影响力一直很大。

真正关于峨眉武术和峨眉拳的正史文本应从明代开始回顾。这一时期国力强盛，多民族国家也进一步统一和巩固，商品经济繁荣，对外贸易交流频繁，文化艺术呈现世俗化的趋势，各类思想文化能以书籍出版的方式得以保存流传。其中，明代才子唐顺之所著《峨眉道人拳歌》是为峨眉武术正名的经典历史著作之一，被收录于《荆川先生文集》一书中。

唐顺之（1503—1570年），为明代武进人（今江苏常州）。字应德，一字义修，号荆川，是明代儒学大家、军事家、散文家、数学家、抗倭英雄。曾亲率兵船于崇明破倭寇于海上，且根据实战经验总结改革军阵，发明了"鸳鸯伍"，有效地抵制了倭寇来犯。武学史册《纪效新书》中也记录了唐顺之向戚继光、俞大猷等抗倭名将传授武艺技击之事。由此可见，唐顺之不仅满腹经纶而且在武学见地上有自己的独到之处，是一位敢于付诸实践的文武全才，与王慎中、归有光合称嘉靖三大家，是明代中后期"唐宋派"的领袖人物。

《峨眉道人拳歌》收录于唐顺之代表作《荆川先生文集》一书中，清《四库全书》据此收入，改题《荆川集》，后有重刊校正版，包括正集十二卷、续集六卷，现明嘉靖三十四年安如石刻金陵书林重修本收藏于中国国家图书馆内。据史料查证，《峨眉道人拳歌》是最早全方位概括峨眉武术的历史起源、技法特点的诗歌，也是至今研究峨眉武术的必经之路，必看之文。全文如下：

> 浮屠善幻多技能，少林拳法世稀有。
> 道人更自出新奇，乃是深山白猿授。
> 是日莂堂秋气高，霜薄风微静枯柳。
> 忽然竖发一顿足，崖石迸裂惊砂走。
> 去来星女掷灵梭，夭矫天魔翻翠袖。
> 舔𦘓含沙鬼戏人，髻鬐磨牙赞捕兽。

形人自诧我无形，或将跟絓示之肘。
险中呈巧众尽惊，拙里藏机人莫究。
汉京寻橦未趫捷，海国眩人空抖擞。
翻身直指日车停，缩首斜钻针眼透。
百折连腰尽无骨，一撒通身皆是手。
犹言技痒试贲勇，低蹲更作狮子吼。
兴阑顾影却自惜，肯使天机俱泄漏。
余奇未竟已收场，鼻息无声神气守。
道人变化固不测，跳上蒲团如木耦。

从《峨眉道人拳歌》前两句诗中我们就可以很清楚地了解到峨眉武术的起源与发展，通篇描述了大量有关峨眉武术的技法运用和技击特点，如"百折连腰尽无骨，一撒通身皆是手"，非常形象地描述了峨眉武术中峨眉拳的身法、步法、手法等特点，写出了峨眉武术的灵动、神韵，仿佛近在眼前，让人身临其境。诗中不仅刻画了峨眉武术"天下武功，唯快不破"的技击特点，更是对前文中提到的峨眉武术起源关键人物——"白猿公"司徒玄空作了一段肯定性的表述。至此，不得不赞叹峨眉武术的博大精深、源远流长，以及诗中所展现出当时峨眉武术的高超技法与技击水平。

"一树开五花，五花八叶扶，皎皎峨眉月，光辉满江湖。"出自《峨眉拳谱》一书（亦称《拳乘》），这本书是湛然法师在峨眉山修行期间所著，"五花八叶扶"逐渐成为峨眉武术的一个概念流传下来。湛然法师本名何崇政，是清代太平天国运动时期翼王石达开的"记室"（秘书），曾随石达开转战川黔滇三省，更是先后四进四川。此人文武兼备，骁勇善战，在抗清战争中立下赫赫功劳。清同治二年（公元1863年），石达开率军渡江失利，遭遇清军围剿，进退无路，陷入绝境。突围失败后，石达开遭生擒并受刑而死，随身部下大多也战死沙场，何崇政得以逃脱，前往峨眉山避难。

自此以后，何崇政抗清之心不死，又多次往返于川西、川东地区，广结天下英豪，特别是具有侠义豪情的有志之士，以袍哥人家哥老会的形式将大家组织起来试图反清，但是大势已去，太平天国命数已尽，整个组织分崩离析。何崇政在经历过战争的洗礼后明白，只有尚武精神能传递下去，被暴政欺压的百姓就有奋起反抗的实力。随后何崇政削发为僧，号湛然法师，憩于峨眉山潜心修炼，将精神寄托于《峨眉拳谱》中，将"一树开五花，五花八叶扶，皎皎峨眉月，光辉满江湖"的诗句传遍大江南北。

二、峨眉拳的文化蕴藏

峨眉山名，早见于西周。据晋代常璩撰写的《华阳国志蜀志》记载："杜宇以褒斜为前门，熊耳、灵关为后户，玉垒、峨眉为城廓。"早在先秦时期，峨眉山便是受人崇敬的古山，被尊称为"仙山"，许多方士避世隐居于此，以接舆和葛由最为著名。西汉文学家刘向在《列仙传》中写道："陆通者，云楚狂接舆也。好养生，食橐卢木实及芜菁子。游诸名山，在蜀峨眉山上，世世见之，历数百年去。"同书又载："葛由者，羌人也。周成王时，好刻木羊卖之。一旦骑羊而入西蜀，蜀中王侯贵人追之上绥山。绥山在峨眉山西南，高无极也，随之者不复还，皆得仙道。"峨眉山还被视为出产仙药之地。晋常璩《华阳国志》载："峨眉山，《孔子地图》言有仙药，汉武帝遣使者祭之，欲致其药，不能得。"通过以上史料可以大致明确一个事实——在东汉道教正式创立之前，峨眉山即与神仙方士密切相关。

峨眉山曾是道教的重要道场，被尊崇为"天下三十六洞天"之中的第七洞天——"虚灵太妙洞天"。东汉中期，张陵在鹤鸣山创建天师道，奉老子李耳为教祖，以老子《道德经》五千言为主要经典，由此，制度化道教正式形成。张陵以鹤鸣山为中心，划分了二十四个教区，以系统传道，即著名的"二十四治"。汉献帝时，张陵之孙、被尊奉为天师道系师的张鲁任汉中刺史二十余年，并在汉中实行政教合一制度。献帝建安三年，张鲁于二十四治之外另立"八品游治"。其中第一治即为峨眉山，第二治是青城山。在东汉末年，峨眉山已经成为天师道划定的一个教区，在正统道教理论体系中获得了初步的名分。由此可见，峨眉山与道教的发展联系紧密，同时峨眉山也深深影响着峨眉武术的发展方向。如峨眉拳的内功心法中，讲究呼吸吐纳、胎息、辟谷等方法，与道家天人合一的理念密切相关。

唐代峨眉山的道教传播得到迅速发展。唐初，著名道士孙思邈入蜀来峨眉山隐居，居于峨眉牛心山天柱峰。孙思邈对峨眉道教产生了较大影响，天柱峰也成为峨眉道教的活动中心，频繁在唐宋诗歌中出现。如唐代施肩吾《天柱山赠峨眉田道士》诗："古称天柱九连天，峨眉道士栖其巅。"李白在《登峨眉山》中写道"蜀国多仙山，峨眉邈难匹。周流试登览，绝怪安可悉？青冥倚天开，彩错疑画出"，以及同是李白所写描述峨眉山景色的名句，出自《峨眉山月歌》："峨眉山月半轮秋，影入平羌江水流。夜发清溪向三峡，思君不见下渝州。"道教洞天福地体系在唐代正式构建完成，峨眉山继霍童、五岳之后被尊奉为第七小洞天。司马承祯《天地宫府图》："第七峨眉山洞，周回三百里，名曰虚陵洞天，在嘉州峨眉县。"

峨眉拳中除了包含道教文化、讲究天人合一的亦练亦养的理念之外，与佛家文化的联系则更加紧密。据《峨眉山志》记载，峨眉山有佛寺，其中最早的是魏晋年间由僧肇所建黑水寺。晋隆安三年，慧持和尚从庐山入蜀，在此修建普贤寺，供奉普贤菩萨。相传峨眉山因此成为普贤菩萨道场。峨眉山也是我国"四大佛教名山"之一，公元1世纪中叶，佛教由印度经南丝绸之路传入峨眉山，药农蒲公在今金顶创建普光殿。公元3世纪，普贤信仰之说在山中传播，中国僧慧持在观心坡下营造普贤寺（今万年寺）。6世纪中叶，世界佛教发展重心逐步由印度转向中国，四川一度成为中国佛教禅宗的中心，佛寺的兴建便应运而生。由此我们可以推断出，峨眉山从道家的"隐士避世"的状态逐渐转移到"普度众生"的佛法传递中来，加大了地区间人与人的交流。在此期间，不光是思想文化上的传播，同时也提供了不同技艺切磋交流的一个平台。

佛法讲究普度众生，刻苦修行，以达到修身顿悟的境界。出于自我修行和防身自卫的目的，各寺庙引导和教授年轻僧人习练武功也就成为了现实需要。隋朝末年，四海云游修行的僧人云昙来到峨眉山，将少林拳法传授至此，与峨眉僧人切磋技艺，至后世发展逐渐形成僧门支流。后至南宋时期，峨眉武僧德源长老编撰了《峨眉拳书》一书，在书中对峨眉武术进行了系统的总结，也是峨眉武术发展成熟且自成体系的标志。特别是德源长老长期观察峨眉山灵猴飞腾跳跃之势，所创编的猿拳极具特色，又因德源长老眉毛纯白，被世人尊称为"白眉僧"，所创拳术亦称为"白眉拳"。与此同时，南宋建炎年间，峨眉山白云禅师将阴阳虚实与人体内脏运行机理相结合，融入了武术中内功心法的理念，将道家之吐纳修养与武术中动静功法相融合，创编出了符合佛家修身修行的"峨眉气功"，共编有十二节，亦被后人称为"峨眉十二庄功"。

在流动的历史长河中，峨眉武术融合了百家之长，随着时代的发展不断革新，将练养为主的峨眉拳从技术层面不断升华，逐渐发展为既有道家天人合一、无量度人的核心宗旨，也有佛家修身顿悟、回归自性的禅宗释义，不再拘泥于拳术技巧的本身，更多的则是对于峨眉拳习练者内心的锻炼与修行，因此峨眉拳技法中以静制动、后发先至、柔中带刚、虚实分明等特点十分突出。

三、峨眉武术的传承与发展

自东汉赵晔《吴越春秋·勾践阴谋外传第九》记载白猿公以来，峨眉武术至今已跨越千年。在此期间，不仅有令人神往的历史故事，也有史籍记载的拳谱文献，同时也出现了许多独具特色、形式丰富的峨眉武术流派，如白眉拳、峨眉枪、峨眉十二庄等，湛然法师所著《峨眉拳谱》中有关峨眉武术概念的解析。

> 一树开五花，五花八叶扶。
> 皎皎峨眉月，光辉满江湖。

"五花八叶"中的内容需要拆开来看。首先，从历史角度出发来看，峨眉武术起源于乐山，经过长时间发展壮大，早已遍布四川各地。广义上来讲，峨眉武术也是四川武术。"五花"指流传在四川境内不同地区的峨眉武术的五个流派，即黄林、青城、青牛、点易、铁佛。

"五花"之一的黄林派的起源有几种说法。黄林派得名于峨眉山万年寺一位李姓道长，在万年寺皇林坡观猴斗蛇后，将猴之灵巧与蛇之阴柔融合起来，创编"火龙拳"，立为皇林派，后因避讳改为黄林派。

"五花"中的青城派位于四川省成都市都江堰市，也是中国四大道教名山之一，峨眉武术中有关道家的文化思想奠定了峨眉武术在此开花结果的必备基础。

青牛、点易两派起源于重庆丰都与涪陵，地缘位置与蜀地相邻，概括在巴蜀武术大观念中。

铁佛派则得名于四川巴中通江县铁佛寺，据考证四川北部地区的峨眉武术传人多为铁佛派。

"八叶"中的叶，代指峨眉武术中八个不同风格的拳派，即僧、赵、杜、岳、洪、会、字、化。八大门派既有关联，也有各自的特点。以上体系的传承大多是在清末传入四川的外省流传拳术。

僧门在四川流传甚广，在成都、雅安、乐山、绵阳、内江等地多有渊源，原是隋末少林寺云游僧人云昙与峨眉山僧人切磋交流而创，特点是讲究擒拿短打，打中有拿，拿中有打。其拳法歌诀云："你慌我不慌，来者必遭殃；你忙我不忙，双手护胸膛。"短短一句歌诀尽显僧门妙法。

赵门创于北宋，是北派长拳与少林武术融合而成，假托赵匡胤而得名。该流派主要流传于成都、重庆、达县、绵阳、内江等地，技法特点以腿为主，定根发腿，柔中带刚，定势每招慢，住势留半拳，动作见棱角。在技击上讲究以走打为主，步法轻快，于运动中伺机先发制人，善打运动战，在对战中闪躲还击，眼明手快，步坚力实。

杜门据传为成都郫县人杜官印所创，流传于成都、乐山、自贡等地。有拳谱歌诀云："磨盘功贯其中，出拳用腿如卷风。"其技击特点为辨析对手进攻来路，趁其招式不备时迅速出击，以静制动。

岳门相传乃是爱国名将岳飞所创，清末及民国时期流传于成都、乐山、宜宾、德阳等地。其技法为典型北派打法，分中桩、矮桩，意气合一，直臂披打，大开大合，讲究出拳软、力在臂。歌诀有"不画圆不成拳，敌人手来无法拦"等说法。力量较重，强调以肢体力量对抗的靠身打法，以及运用五锋六肘的技击技巧来正面抗敌。

洪门起源于清朝顺治年间，最初为军中教习武术，相传以明太祖朱元璋年号"洪武"单字"洪"命名，后称洪门。洪门一派流传于成都、乐山、重庆万州、涪陵等地。技法特点讲究内外三合，意、气、力合身，劲力透打，以力降人，拳势舒展。

会门于清末至民国时期传入四川，特点突出，广泛流传于内江、大足、合川、雅安、遂宁等地。其技法特点以攻为主，手翻阴阳、步行八卦，且有拳谱五字诀，即"吞、吐、封、化、贴"。例如"吞为虎猫卧伏，吐如蛇猿出洞，封似千手观音，化似轻烟一缕，贴似炎日骄阳"，其特点在歌诀上表现得淋漓尽致。

字门由清朝道光年间富顺人罗利田所创。此人出生武术世家，行走江湖拜师访友，博采众家之长，传习至今无固定套路拳势，以字取意，一字一动作，一字一心法。

化门在清朝光绪年间，由峨眉山僧人释修德法师所创，多传流于重庆、达州等地。其技法特点是借力趁势，化险为夷时借力打力，擅长使用寸劲，尤其重单手进攻。

除了以上五大流派、八大门派的历史演变发展之外，峨眉武术对于内功心法、运气调养等更是有着不俗的造诣，正如前文中提到的"峨眉十二庄功"。

在南宋高宗建炎元年，峨眉山临济宗的释白云法师融合了佛、道、武、医四家之长，运用中医学中阴阳虚实、内脏运行盛衰之机理，结合前人武学中有关动静调息的功法，创编了"峨眉气庄功"，分为十二节，后称之为"峨眉十二庄功"。

峨眉十二庄功历经数百年，一直以口口相传的方式传承了下来，并无文字史籍，直至民国初期，有一位名叫周潜川的青年人将其发扬光大。时年31岁的周潜川得病卧床不起，家人寻至峨眉山以期治疗康复，偶遇了在峨眉山修行的释永严法师，此人也是一位妙手回春的医者高人。释永严看到了周潜川的状况，潜心救治，以中医汤药针灸为主，辅以峨眉武术内心调息养身，不出数月，周潜川大病痊愈，十分神奇。释永严法师见周潜川有缘分，也对他的学识见地颇为青睐，于是收他为入室弟子，将"峨眉十二庄功"精髓要义毫无保留地传授给了周潜川，并赠他法号"镇健居士"。

"峨眉十二庄功"分为天地庄、之字庄、心字庄、龙鹤庄、游龙庄、鹤翔庄、拿云庄、旋风庄、大字庄、小字庄、幽明庄及总论，共十二节。其中包含了人体十二正经和奇经八脉、五脏六腑的修炼，主阴阳调和。亦有口诀：

象天法地，圆空法生，大小开合，唯妙于心。如如不动，是真阴阳，宝斯未动，发用乃常。唯气与脉，不动动生，意到神到，开合升降。降则嘿嘿，升则嘶嘶，开合一如，结丹在兹。静如秋月，动若飙风，彬彬克敌，分寸之中。轻若鸿毛，重逾泰山，用中无形，体用一焉。大哉天地，十二庄首，默识心通，责在勤苦。

周潜川与其二子周怀姜、周巢父将百年来秘而不传、传而不宣的"峨眉十二庄"记录下来，撰写为《气功疗法峨眉十二庄释密》一书，对峨眉武术文化的传承和发展起到了巨大的帮助，也为峨眉拳的内功习练奠定了基础。

第二节　峨眉拳的风格特点

一、峨眉拳的桩法特点

峨眉拳尤其注重功法。在功法练习中又以桩功作为主要练习内容，如"盘功""桩子""批打""内功"四门功法。

盘功

通过柔韧性的锻炼，使全身骨骼肌肉、各关节如行云流水般连绵不断，正如唐顺之在《峨眉道人拳歌》中提到"百折连腰尽无骨"一样富有韧性。包括颈部、肩部、手肘、手腕、腰部、胯部等，最终达到"口含鞋尖，额贴脚背，折腰搭桥，单脚擎天"即为成功。

桩子

这是主要针对下肢力量的练习，以长时间支撑为主，锻炼肌肉耐力与最大力量，也可借助其他器械、物品锻炼肢体平衡性、协调性，如"独木桩""梅花桩""踩过边"等。

批打

可提升身体对外的抗击打能力。拳语云："外练筋骨皮，内练一口气。"从实战出发锻炼掌、腿、胯以及"五锋六肘"各部位，将攻守拳法与下肢协调稳定桩法相结合。

内功

即呼吸，内练养生，调息吐纳，心如止水，将动作练习时动静结合、以气导引，循环不息，最终达到提升峨眉拳技法功力的目的。

二、峨眉拳的技击特点

峨眉拳受地域特征、文化因素等影响，在技法上与武当、少林等武术流派有着明显的区别。在用法上小峨眉武术中的巴、拿、探、挂，以步为主，指掌当先；贴身近打以挨、肩、挤、靠为主，五锋六肘灵活运用；柔脆快巧，重功重法，着重实用；在练习时采取高桩、中桩和矮桩相结合。

指掌为先

峨眉拳重手法。手型上多采用指掌为先。从地缘上来看，巴蜀人较北方人身材略微矮小，利用指掌可以适当延长进攻距离，且突出动作的紧凑快捷，以打击各关节窍门、点穴封闭对方行动为主。

蛹蚕子腰

从身法上来看，峨眉拳配合手法上的快节奏变化，在拳术习练中注重"蛹蚕"和"子腰"。拳语讲："练拳不练腰，终究技不高。"峨眉拳将腰视为变化的核心要点，各部位的技术均以腰为核心，讲究腰在运动中的吐纳收放。在练习"天字庄"时，要求五指蛹动，两臂与腕、肘、肩配合似巨蟒前行。因峨眉拳中有腰法的运动形如"子"字，故称为"子腰"，腰一动无一不动，技法即出，变招如风。

低腿暗扫

峨眉拳中以腿法为主的技术动作较少，通常以低扫腿、暗腿为主，在步法上寻求灵活多变。峨眉拳迎击时多采用贴身战法，在近身短打时则更需要灵活步法作为快速移动的支撑，在快速移动的同时保持良好的重心，为下一次进攻做准备。因此，峨眉拳中对步法的运用极其讲究，要在如何更快到达预定招式的攻击位置上花心思。

桩技一体

峨眉拳在习练时将桩法与技法融为一体，以"峨眉十二庄"为根基，以五锋六肘等技击实用手法为主要内容，将技击之法与动静吐纳之法相结合，注重桩技一体，内外兼修。

近身短打，后发先至

峨眉拳在实战中强调近身短打、后发先至的对抗特点，巧妙运用五锋六肘，即"头峰、肩峰、肘峰、臂峰、膝峰"五类，以及"顶肘、起肘、落肘、盘肘、后肘、摆肘"六类技巧，使其能有机会用灵巧步法贴近对手，擒拿封闭，粑粘连勾搭、套托随崩挤，强调刚柔相济，后发先至。

第二章 峨眉拳基本手型和步法

第一节 峨眉拳基本手型

练习峨眉拳，必须掌握以下基本手型、步法：

凤眼拳：专练食指第二骨节击人之拳法，是以拇指扣在食指甲上，食指第二节骨向前突出，拇指与食指扣成凤眼状。此手型主要用来击打穴位。（图2-1）

图2-1

立掌：拇指外展或屈曲，其余四指并拢向后伸张，掌指朝上。（图2-2）

图2-2

勾手：五指依次并拢，拇指背部朝上，其余四指微向掌心弯曲并以小指为主，顺小指一侧的掌源屈腕为勾。（图2-3）

图2-3

龙爪：大拇指内扣，其余四指并拢，第二指关节弯曲，向前突出。此手型用于击打要害。（图2-4）

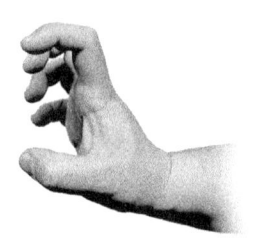

图2-4

第二章　峨眉拳基本手型和步法

擒手：五指弯曲，做抓握状，同时前臂外旋，虎口扣紧。（图2-5）

龙爪手：五指内扣，手心向下。（图2-6）

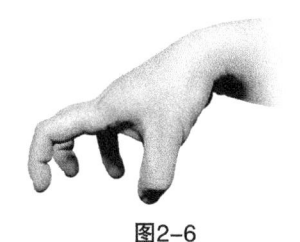

图2-5

图2-6

第二节　峨眉拳基本步法

高弓步：前脚微内扣，全脚掌着地，半蹲屈膝，大腿略高于水平（约在135°），膝部约与脚面垂直；另一腿挺膝伸直，脚尖里扣斜向前方，全脚掌着地，上体正对前方。（图2-7）

图2-7

图2-8

高马步：两脚左右开立，约为本人脚长三至四倍，脚尖正对前方，半蹲屈膝，大腿略高于水平（约在135°）；眼看前方，两手抱拳于腰间。（图2-8）

13

高虚步：后脚尖斜向前，半蹲屈膝，大腿成135°，全脚掌着地；前腿微屈，脚面绷紧，脚尖虚点地面。（图2-9、图2-10）

图2-9

图2-10

骑龙步：左腿屈膝下蹲，全脚着地，脚尖微内扣；右腿跪地接近地面且不得贴地，脚跟翘起，两脚间距约两脚长。（图2-11）

横裆步：前脚微内扣，全脚掌着地，屈膝半蹲，大腿成水平，膝盖内扣；另一腿挺膝伸直，脚尖里扣斜向前方，全脚掌着地；上体正对前方，两手抱拳于腰间。（图2-12）

图2-11

图2-12

第三章　峨眉拳套路动作图解

第一节　峨眉拳拳谱名称

第一段　动作

第一式　预备式　　　　　　第二式　虎口含珠

第三式　揽扎衣　　　　　　第四式　翻花手

第五式　迎面捶（右）　　　第六式　猿猴撞肘（右）

第七式　迎面捶（左）　　　第八式　猿猴撞肘（左）

第九式　猿踢　　　　　　　第十式　罗汉架打

第十一式　撩阴掌　　　　　第十二式　双擒手

第十三式　白猿探路　　　　第十四式　撩阴掌

第十五式　太白扯旗

第二段　动作

第十六式　转身回拴手　　　第十七式　翻打跌

第十八式　左白猿展臂　　　第十九式　右白猿展臂

第二十式　桃捶子午手（右）　第二十一式　桃捶子午手（左）

第二十二式　双撞手　　　　第二十三式　回身翻打

第二十四式　金鸡独立

第三段　动作

第二十五式　破喉掌　　　　第二十六式　双凤朝阳

第二十七式　猛虎顶膝　　　第二十八式　黑虎蹬踹

第二十九式　青龙探爪　　　第三十式　顶心捶

第三十一式　双擒手　　　　第三十二式　左子午手

第三十三式　猿猴撞肘　　　第三十四式　迎面捶

第三十五式　连环手　　　　第三十六式　双擒手

第三十七式　白蛇吐信	第三十八式　滚身拗肘
第三十九式　子午手	第四十式　　飚插掌

第四段　动作

第四十一式　回身摆掌	第四十二式　左翻江倒海
第四十三式　右翻江倒海	第四十四式　金鸡探枝
第四十五式　伏虎势	第四十六式　灵蛇出洞
第四十七式　青龙探掌	第四十八式　引气归元

第二节　峨眉拳套路动作图解

第一段　动作

第一式　预备式

两手放于大腿外侧自然下垂；两脚并拢；双眼目视前方，成立正姿势。（图3-1）

【动作要点】

两脚尖并拢站立，虚灵顶劲，沉肩放松。

【易犯错误】

站立时两肩未下沉，两脚脚尖外展未并拢。

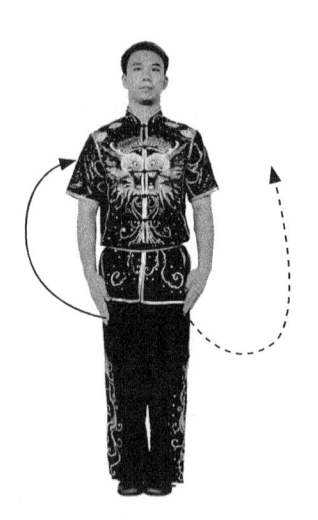

图3-1

第二式　虎口含珠

接上势。左手成掌，虎口张开，右手成拳，拳心向外，右拳拳心与左手虎口相对，双手抱于胸前；目视前方。（图3-2）

【动作要点】

1. 拳眼和虎口相对。
2. 两手环抱于胸前，两肘微弯曲。

【易犯错误】

双手高于或低于胸前，左手成掌时虎口未张开，左掌大拇指微扣。

图3-2

第三式　揽扎衣

接上势。双手成掌，从左往右经体前划弧，左手立掌于胸前，右手收于右腰间。（图6-3、图6-4）

【动作要点】

身体保持正直，以腰带手。

【易犯错误】

身体前倾导致重心失衡，左手掌型拇指第一指节未弯曲。

图3-3 　　　　　　　　　　图3-4

第四式　翻花手

1. 接上势。右手从身后由右、左斜上方划弧至头顶，同时左手向上举至头顶，两手掌根相对（左手掌心向内，右手掌心向外）。（图3-5）

图3-5

2. 两掌以掌根为轴顺时针在头顶划弧一周（图3-6），两手向下收于右腰间；目视前方。（图3-7）

图3-6 　　图3-7

【动作要点】

1. 身体扭转，动作要协调完整。

2. 两手做翻花手时以两掌根为轴。

【易犯错误】

1. 两掌根分离未顺时针旋转。

2. 双手做翻花手时未举过头顶，遮挡面部。

第五式　迎面捶（右）

接上势。身体向左旋转45°；左脚向身体左前方上一步，左腿屈膝，右脚跟提起，脚尖内扣，前脚掌点地，右腿弯曲（图3-8）；同时左拳下按于腹前，右拳向身体左前方45°斜前方钻出，力达拳峰；目视右拳前方。（图3-9）

【动作要点】

拧腰、转髋、钻拳，动作协调连贯。

【易犯错误】

右拳钻出时未由腰间发出，故而无力。

图3-8 　　图3-9

第六式　猿猴撞肘（右）

1. 接上势。重心后移至右腿，身体向右后方旋转，左脚跟提起，前脚掌着地，左腿弯曲，右腿弯曲；同时左手内旋向上方伸直，右臂屈肘，右掌贴合于左肩头；目视左前方方向。（图3-10、图3-11）

图3-10 　　　　　　　　　　　图3-11

2. 身体继续右转后向左旋转，左脚经右脚内侧，脚尖外展，向左划弧上一步；同时左拳变掌，掌心向外，左上臂带动左掌逆时针方向由下向右、向上、向左划弧搂出，收至胸前；右脚向左脚前方上一步；右拳变掌，右臂伸直上臂，带动右掌逆时针方向划弧。（图3-12）

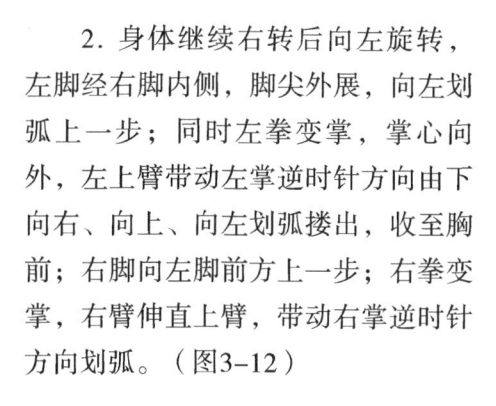

图3-12

3. 上动不停。重心放至两脚中间，身体向左旋转；两腿弯曲成高马步状；左掌不动，右掌继续向下砍出；目视右掌前方。重心微向右，身体微向右旋转；两腿马步不变；左掌变拳收至左腹前。右掌变拳，拳心向下，右臂屈肘向右顶出；目视右前方。（图3-13、图3-14）

图3-13

图3-14

【动作要点】

身体做左右旋转依次带动手臂，两臂划弧呈立圆。

【易犯错误】

注意左右旋转时的重心和上步的依次顺序。

第七式　迎面捶（左）

接上势。右脚向身体右前方上一步，右腿屈膝。左脚跟提起，脚尖内扣，前脚掌点地，左腿弯曲；身体向右旋转45°；同时右拳下按于腹前，左拳向身体左前方45°斜前方钻出，力达拳峰；目视左拳前方。（图3-15、图3-16）

【动作要点】

拧腰、转髋、钻拳，动作协调连贯。

【易犯错误】

左拳钻出时未由腰间发出，故而无力。

图3-15　　　　　　　　　　　图3-16

第八式　猿猴撞肘（左）

1. 接上势。重心后移至左腿，身体向左后方旋转，右脚跟提起，前脚掌着地，右腿弯曲，左腿弯曲；同时右手内旋向下方伸直，左臂屈肘，左掌贴合于右肩头；目视左掌方向。（图3-17、图3-18）

图3-17

21

2. 身体继续左转后向右旋转；右脚经左脚内侧，脚尖外展向右划弧上一步；同时右掌掌心向外，右上臂带动右掌逆时针方向由下向左、向上、向右划弧搂出，收至胸前；左脚向右脚前方上一步；左臂伸直上臂，带动右掌逆时针方向旋转。（图3-18、图3-19）

3. 上动不停。重心微向左，身体微向左旋转，左脚向右前方上步，两腿屈膝成马步；右掌变拳收至右侧腹部，左掌变拳，拳心向下，左臂屈肘向左顶出；目视左前方。（图3-20、图3-21）

图3-18

图3-19

图3-20

图3-21

【动作要点】

身体做左右旋转时带动手臂，两臂依次划弧呈立圆。

【易犯错误】

注意左右旋转时的重心和上步的依次顺序。

第九式　猿踢

接上势。重心向后移至左腿，身体向左后旋转180°；右腿提起，脚尖向外展跳震脚，右腿提起，脚尖勾，向左斜下方用力钩踢；左拳变掌，由下向左、向右划弧放于右肩头，掌心向外，同时右拳变掌，由下向后、向上、向前、向下划弧一周后，成勾手并向右体后勾出；目视右侧下方。（图3-22、图3-22附图）

图3-22　　　　　　　图3-22附图

【动作要点】

1. 左脚外展与跳震脚动作连贯。
2. 力发于右脚勾踢。

【易犯错误】

右脚勾踢与右勾手未能同步完成发力

第十式　罗汉架打

接上势。右脚落地，左脚经右脚后方向右前方撤步，身体向左后方旋转180°，身体重心在两腿之间成马步；右勾手变拳，向后、向右、向前划弧后前臂向内弯曲，拳心向内，使右肘撞击左掌心（图3-23）。右臂外旋，向上、向前划弧放于右前方，力达拳背（图3-24），右拳收回腰间，左冲拳，屈肘划弧一周后鞭拳冲出，同时左掌由下至上架于头顶屈肘格挡；目视右拳前方。（图3-25、图3-26）

图3-23

图3-24

图3-25

图3-26

【动作要点】

鞭拳与格挡需注意攻防意识，力点突出。

【易犯错误】

1. 身体重心易前倾，格挡未架住。

2. 马步时两脚尖外展。

3. 格挡手弯曲。

第十一式　撩阴掌

接上势。重心向左，身体左旋转90°；左脚向前跟进一步，弯曲至160°，右脚跟提起，前脚掌着地；右手变掌，由下向左前方击出，掌心斜向上，左手贴于右前臂，目视手掌。（图3-27、图3-28）

图3-27　　　　　　　　图3-28

【动作要点】

1. 撩掌短促有力，重心在两脚中间。

2. 撩掌时指尖朝下，力达掌根。

【易犯错误】

1. 转身未能快速蹬地，导致发力不足。

2. 两脚距离过大，导致重心不稳。

3. 撩掌指尖弯曲上翻。

第十二式　双擒手

接上势，上动不停。身体向右旋转90°；右腿膝盖微弯曲，左腿后撤一步，膝盖微弯曲，后脚跟离地，前脚掌着地，形成高虚步姿势；双手由左侧经体前向右横向划弧屈肘变虎爪，左擒手爪心向上，右擒手爪心向下；目视前方。（图3-29）

图3-29

【动作要点】

1. 重心在右脚，左脚脚尖虚点。

2. 双擒手在一条平行线，回拉时由肘关节发力。

【易犯错误】

前脚后撤步过小，两脚距离过大，导致重心不稳。

第十三式　白猿探路

1. 接上势。重心向前，身体微左转；双爪变掌，左掌掌根贴合于右掌根之上，放于胸前，两掌变勾手，向下至身后勾出；身体重心移至左腿，右脚提膝，脚尖勾，向前蹬出。（图3-30~图3-32）

图3-30

26

图3-31

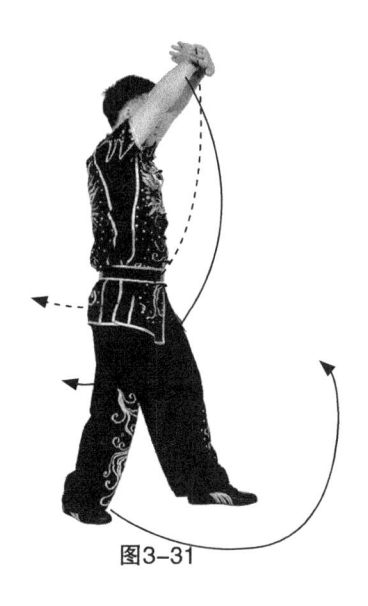

图3-32

2. 上动不停。右腿向前一步落地，脚尖内扣，右腿膝盖弯曲180°，左脚伸直成弓步；左手变掌，贴合右肩，右手变拳，拳眼向上，向前冲出；目视前方。（图3-33）

图3-33

【动作要点】
1. 右脚蹬腿力达脚跟。
2. 右拳冲出力达拳面。

【易犯错误】
1. 右脚独立时重心不稳。
2. 右脚落地脚尖未内扣。

第十四式　撩阴掌

接上势。重心向左,身体左旋转180°;左腿弯曲,右腿微弯曲,脚掌着地成骑龙步;右手变掌,由下向左前方击出,掌心斜向上。左手贴于右上臂;目视手掌。(图3-34)

【动作要点】
1. 撩掌短促有力,重心在两脚中间。
2. 撩掌时指尖朝下,力达掌根。

【易犯错误】
1. 转身未能快速蹬地,导致发力不足。
2. 两脚距离过大,导致重心不稳。
3. 撩掌时指尖弯曲上翻。

图3-34

第十五式　太白扯旗

接上势。重心向右,身体向右旋转90°;右腿膝盖伸直站立,左腿退一步,贴合于右腿站立;左掌贴于右前臂,右前臂内旋,右掌心向外,指尖向上,由左侧经体前横向划弧至右侧,同时左掌放于右肩,掌心向外;目视右掌。(图3-35、图3-35附图、图3-36、图3-36附图)

图3-35 　　　　　　　　　图3-35附图

图3-36　　　　　　　　　　图3-36附图

【动作要点】

借力打力，手与身体协调、自然。

【易犯错误】

1. 两手未能横向划弧并发力。
2. 两手肘关节未伸直，双脚未并步站立。

第二段　动作

第十六式　转身回拴手

接上式。左脚向后退一步，身体向左旋转90°，两膝弯曲至水平成高马步；左手从右肩沿腹部过左膝盖，向上举至头顶放架掌，右手由掌变拳，向左旋转做盘肘，肘关节弯曲，右臂向内弯曲，拳心向下；同时由马步转换为高弓步；目视肘前方。（图3-37、图3-38）

图3-37　　　　　　　　　　　图3-38

【动作要领】

1. 身体做向左旋转时由腰带动手臂。

2. 左脚向后撤步的同时左手向左划弧，手脚并用，转换左弓步时，由右脚跟蹬地发力传至腰部，使弓步后退时膝关节蹬直。

【易犯错误】

1. 右臂屈肘向左做盘肘时未与腰合为一体，旋转过多。

2. 上下发力脱节，弓步后退时弯曲。

第十七式　翻打跌

1. 接上势。身形步法不变；右手从胸前向上翻前臂，由拳变掌做翻打。（图3-39）

2. 左脚尖离地，移重心至右腿，身体向右旋转45°；左手从头向下划圆，沿胸口穿向右手手背处，两掌心向上；左脚经右脚脚踝内侧，脚尖外展，向前至左后方划弧成左弓步，身体随脚而动，向左转45°；左掌心由上向下做翻手，五指弯曲，成虎爪手型，从右前侧沿小腹顺时针划圆至与肩平，肘关节弯曲向外撑，右手协同左掌变为虎爪，同时右手向左，随左手路线顺时针划圆抹于身体右前侧。（图3-40~图3-42）

第三章 峨眉拳套路动作图解

图3-39

图3-40

图3-41

图3-42

【动作要点】

1. 重心随动作而转移。
2. 右手护于左手肘关节下方。

【易犯错误】

1. 重心移动或者身体转动的过程中,身体晃动,不稳。
2. 身体成弓步状态时上下肢没有旋转到位而协调一致,导致发力不顺畅。
3. 手臂在运动的过程中,用力过度造成挺胸、耸肩。

31

第十八式　左白猿展臂

1．接上式。重心移至右脚，身体向右转90°；左脚收至右脚脚踝内侧；同时，左手由虎爪变掌，前臂内旋下落于左膝外侧，右手变掌收于左胸前，掌心向下。（图3-43）

图3-43

2．上动不停。左脚由右脚内侧向左前方上步，脚尖外摆，身体左转45°；同时，左臂由左膝盖向右侧呈立圆抡至头上方左耳处，手臂与身体直立，右手自然下落至腰间。（图3-44）

图3-44

3. 上动不停。重心移至左脚，右脚抬起向左前方上步，身体左转45°，两腿弯曲成高马步；同时左臂向外下落于身体左侧，右臂由下向后至上再向前抡劈，下落于右膝内侧，掌心朝内，左掌顺势合于右胸前，掌心向外；目视右前方。（图3-45、图3-46）

图3-45　　　　　　　　　　　　图3-46

【动作要点】

步法灵活，动作连贯；上步抡臂时以腰带臂，放长击远，呈立圆；劈掌时力达掌根。

【易犯错误】

抡臂过程中肘关节弯曲且未成立圆，步法僵硬不灵活。

第十九式 右猿展臂

1. 接上式。重心移至左腿，身体左转90°；右脚收至左脚脚踝内侧；同时，右手变掌内旋，下落于右膝外侧，左手变掌收于右胸前，掌心向下。（图3-47）

图3-47

2. 上动不停。右脚向右前方上步，脚尖外摆，身体右转45°；同时，右臂由下至左向上呈立圆抡至头上方，左手不变（图3-48）

图3-48

3. 上动不停。重心移至右脚，左脚抬起向右前方落步，身体右转45°，成高马步；同时右臂下落于身体右侧，左臂由下向后、向上、向前抡劈，下落于左膝内侧，掌心朝内；顺势蹬右腿，由高马步向左转，成左高弓步；左手由膝盖内侧向下而上收于右腰间向前推出格挡，右手由腰间贴于左手腕，向前推出。（图3-49~图3-51）

图3-49

图3-50

图3-51

【动作要点】

步法灵活，动作连贯；上步抡臂时以腰带臂，呈立圆；劈掌时力达掌根。

【易犯错误】

抡臂时肘关节弯曲且未成立圆，马步转换时未拧腰转胯，右手未托于左手手腕向外推出。

第二十式　桃捶子午手（右）

1. 接上式。重心向前移动至左腿，左脚脚尖左外展45°，右脚尖离地经左脚脚踝内侧，向前上步成高虚步，身体向左转90°；同时左手由掌变为凤眼拳收回左腰间，拳心向上，右手由掌变为凤眼拳，肘关节弯曲，从右向左内旋做关肘动作，拳心朝向自己。（图3-52）

图3-52

2. 上动不停。身体右转；右拳由上沿胸口向下甩前臂弹出，拳心朝向地面，由拳变爪，由左向右划弧，手心向下，左拳从腰间向前平击，右拳收于腰间向后拉，形成搓劲，拳眼向上，拳心向内；目视前方；右拳向正前方击打，左拳向左腰间收回做抱拳，拳心朝上，力达第二指节顶端。（图3-53~图3-56）

图3-53

第三章 峨眉拳套路动作图解

图3-54

图3-55

图3-56

【动作要点】

拧腰转胯，以腰催力，左右两拳打击迅猛连贯，力达拳尖第二指关节。

【易犯错误】

关肘时腰未转动，腰间抱拳松懈，发力不顺畅，左右击打不连贯，上步手脚配合脱节。

第二十一式　桃捶子午手（左）

1. 接上式。右脚尖向右外展45°，重心移至右腿，左脚尖离地，前上一步成高虚步，身体向右转90°；同时右手收回右腰间，拳心向上，左手肘关节由左向右内旋做关肘动作，拳心朝向自己。（图3-57）

图3-57

2. 上动不停。左拳由上沿胸前向下甩前臂弹出，拳心朝向地面，身体左转，由拳变爪，由右向左划弧，手心向下，右拳从腰间向前平击，左拳收于腰间向后拉，拳眼向上，拳心向内；目视前方；左拳向正前方击打，右拳向右腰间收回做抱拳，拳心朝上，力达第二指节顶端。（图3-58~图3-61）

图3-58

图3-59　　　　　　　　　　图3-60

图3-61

【动作要点】

关肘拧腰转胯，以腰催力，左右两拳打击迅猛连贯，力达拳尖第二指关节。

【易犯错误】

关肘时腰未转动，腰间抱拳松懈，发力不顺畅，左右击打不连贯，上步时手脚配合脱节。

第二十二式　双撞手

上动不停。重心中正，身体保持直立，左腿向前迈进一步；左手由拳变掌收回左腰间；右腿经左腿踝关节向前跨跳，脚落左脚原处，左脚顺势向前上一步，同时，双手从腰间平行推出，变掌成十字交叉，放于右胸前；目视前方。（图3-62、图3-63）

图3-62 　　　　　　　　　图3-63

【动作要点】

上步灵活协调，手脚配合动作连贯。

【易犯错误】

跨跳太大，换步不协调，跳得过高；双手未交叉成十字手做格挡。

第二十三式　回身翻打

1. 上动不停。身体向右回身转90°，重心移至左腿，左脚单腿支撑，右脚离地，小腿弯曲，屈膝向上提，膝与右肩外侧平行；左手掌心向外，从胸前收回，经腰间向右前外侧划弧，掌心朝外，五指张开，右手从胸前掌心向外，经右后方平行划弧，收至斜下方，手腕从左向右旋转，收至右膝盖内侧，做摊掌，掌心向上。（图3-64）

图3-64

40

2. 上动不停。右脚向前落步，成右弓步；同时，右掌从右膝盖向腹前收回，掌心朝向自己，左掌从左耳上方向胸口正前下方做推掌，掌心朝斜前方；随后，右手前臂从腹前经下颏向身体正斜下方甩出做摊手，掌心向上，左手由体前向腹部做内旋向下收至腹前，掌心朝向腹部。（图3-65、图3-66）

3. 上动不停。左前臂从腹部经下颏向身体正斜下方甩出做摊手，掌心向上，右手由体前向腹部做内旋向下收至腹前，掌心朝向腹部，随后左手不动，右前臂从腹前经下颏向身体正斜下方甩出做摊手，掌心向上，将右手手腕搭在左手手腕处。（图3-67、图3-68）

图3-65 　　　　　　图3-66

图3-67 　　　　　　图3-68

【动作要点】

单脚直立支撑，转身划弧时手与肩平，动作优美，翻手时两手交叉弧线运行，动作带腰灵活协调。

【易犯错误】

提膝未与右肩平行，支撑腿弯曲，翻手时上身过于前斜，手上动作紊乱。

第二十四式　金鸡独立

接上式。重心移至右脚，单腿支撑，膝盖保持直立，左脚离地，向内扣脚踝，屈膝，垂直提膝，膝盖与腰平行，身体保持正直；同时，双手从腹前经身体两侧，掌心向上，由下至上划弧，左手与肩平，指尖朝下，五指并拢，变为勾手，勾尖朝下；右手高于右膀斜45°，肘关节弯曲，翻前臂成架掌，掌心由内向外至斜上方；目视前方。（图3-69、图3-69附图）

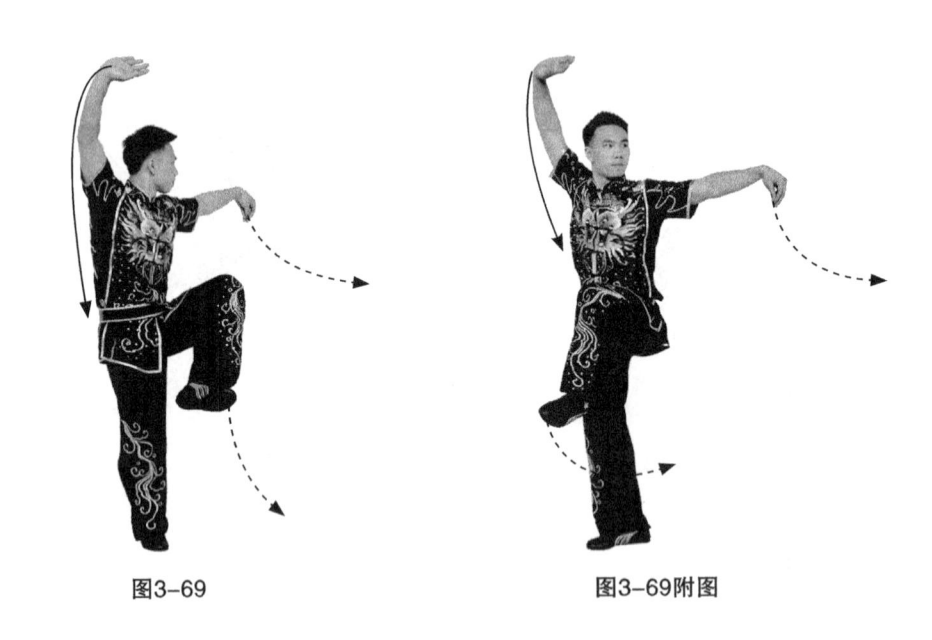

图3-69　　　　　　　　　图3-69附图

【动作要点】

手脚协调配合一致，单腿支撑，膝关节用力伸直，挑掌、摆头与提膝一致。

【易犯错误】

支撑腿膝关节弯曲，左脚脚尖未内扣，提膝未过腰，左手五指未并拢勾尖朝下，右肩未向外展，开肩肘关节过于伸直。

第三段　动作

第二十五式　破喉掌

接上式。左手经胸口处向内划半圆下按于小腹前（位于腹前一拳距离处）；左脚向斜后方45°撤步落脚；右手收于右腰间，身体向左逆时针旋转45°，同时右手从腰间穿过左手上方向前推出与肩平行（掌心向上，手掌向右外展），力达掌根；右脚前脚掌蹬地发力；目视前方。（图3-70、图3-70附图、图3-71、图3-71附图）

图3-70 　　　　　　　　图3-70附图

图3-71 　　　图3-71附图

【动作要点】

1. 蹬地、转腰、切掌依次发力。

2. 发力协调，力达掌根。

【易犯错误】

1. 手脚配合脱节，发力不协调。

2. 切掌时重心前移。

第二十六式　双凤朝阳

接上式。左脚向前迈一步，右脚向右斜前方45°跟半步，身体向右旋转135°，重心落于左脚，左腿略微弯曲，右脚虚点成高虚步；同时两手经胸前向外划弧分开，位于身前，掌心向内，力达掌外；目视前方。（图3-72）

【动作要点】

1. 上肢与下肢配合需协调一致。
2. 两手格挡于胸前，两肘护于两肋。

【易犯错误】

1. 上下肢配合不协调。
2. 两手格挡距离过宽。

图3-72

第二十七式　猛虎顶膝

接上式。双手向前伸直与肩平行（掌心向下），双手成虎抓下压至身体两侧；同时右脚向前上步，左脚向身前提膝（高于腰间），身体保持中正；目视前方。（图3-73）

图3-73

【动作要点】

1. 上肢与下肢需要同时发力，力达膝盖。
2. 提膝时需高于腰间。

【易犯错误】

1. 身体重心失衡。
2. 提膝低于腰间。
3. 提膝时脚尖未绷直。

第二十八式　黑虎蹬踹

接上式。双手向上抬至与肩平行（掌心向下），双手成虎抓向下压至身体两侧；同时左脚自然下落于身体前方，右脚向身前正蹬腿，力达脚跟（与腰平行），身体重心向后微靠；目视前方。（图3-74）

【动作要点】

1. 上肢与下肢需要同时发力，力达脚跟。
2. 蹬踹时需高于腰间。

【易犯错误】

1. 身体重心失衡。
2. 蹬踹腿低于腰间，支撑腿弯曲。
3. 蹬踹时未力达脚跟。

图3-74

第二十九式　青龙探爪

接上式。左脚原地不动，右脚顺势向前落步；双手由爪变掌；同时身体向左旋转90°；左手收回放于右肩处，右手从身体前方由下向左、向上、向右前方划圆；同时双手由掌变爪，左手放于右手下方；双腿膝关节微弯曲成高马步，身体保持中正；目视前方。（图3-75~图3-77）

图3-75 　　　　　　　　图3-75附图

图3-76

图3-77　　　　　　　　　图3-77附图

【动作要点】

双手向前抓取时肘关节微弯曲，力达手指指尖。

【易犯错误】

身体重心靠前，手臂过于伸直。

第三十式　顶心捶

接上式。左手向前方冲拳（拳眼朝上成立拳），右手变掌，收于左手肘关节内侧；左脚不动，右脚向正后方撤步（左腿弯曲135°，右腿伸直）成高弓步，身体重心保持中正；目视前方。（图3-78）

【动作要点】

1. 左手出拳时手臂伸直，力达拳面。
2. 上下肢配合需协调一致。

【易犯错误】

1. 右脚退步距离过小导致身体重心过高。
2. 右腿弯曲未伸直。

图3-78

第三十一式　双擒手

接上式。双手同时由前向后横拉至胸前，左手肘关节弯曲，与肩平行（手心向外），右手肘关节弯曲向下（手心向内）；同时身体向左方旋转，左脚向正后方退步，右脚向正后方跟半步，身体重心移至左脚，左腿微弯，右脚虚点成高虚步，身体保持中正；目视右方。（图3-79、图3-79附图、图3-80、图3-80附图）

图3-79 　　　　图3-79附图

图3-80　　　　　　　　　　　图3-80附图

【动作要点】

1. 双手横拉时，需肘关节发力。
2. 上下肢协调一致。

【易犯错误】

1. 双手肘关节未弯曲。
2. 双手过高或过低。

第三十二式　左子午手

1. 接上式。双腿不动；同时左手由爪变为凤眼拳收回左腰间，拳心向上，右手由爪变为凤眼拳，从右向左内旋划圆至身体前方，拳心朝上。（图3-81）

图3-81

2. 身体右转；左拳从腰间向前平击，右拳收于腰间向后拉，拳眼向上，拳心向内；目视前方。（图3-82、图3-83）

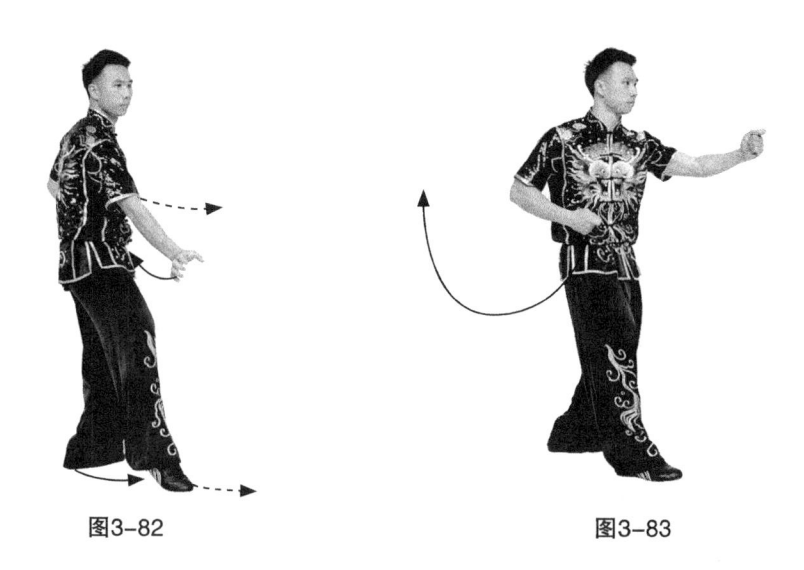

图3-82　　　　　　　　　图3-83

【动作要点】

1. 关肘拧腰转胯，以腰催力。
2. 出拳打击迅猛，力达拳尖第二指关节。

【易犯错误】

关肘时腰未转动，腰间抱拳松懈，发力不顺畅。

第三十三式　猿猴撞肘

1. 接上势。重心后移至左腿，右脚向左脚后方插步（脚尖点地），身体向左方旋转90°；双手由拳变掌，右手由下向后、向上、向前、向下方逆时针划圆至身体左下方，左手回收至右肩部；目视右方。（图3-84、图3-85）

2. 上动不停。左脚不动，右脚向身体右方迈步，重心放至两脚中间，双腿向下半蹲成高马步，上身反向保持不动；同时左手由掌变拳，收回抱拳于左腰间，右手由掌变拳，向身体右方屈臂顶肘；目视右方，身体左旋转，两腿弯曲成高马步状；左拳不动，右掌继续向下砍出；目视右掌前方。重心微向右，身体微向右旋转，两腿马步不变；左拳收至左腹前，右掌变拳，拳心向下，右臂屈肘向右顶出；目视右前方。（图3-86）

图3-84　　　　　　　　　图3-85

图3-86

【动作要点】

身体做左旋转时带动手臂，手臂划弧呈立圆。

【易犯错误】

注意左旋转时的重心和出手的依次顺序。

第三十四式　迎面捶

接上势。身体向右旋转45°；右脚向身体右前方上一步，右腿屈膝弯曲。左脚跟提起，脚尖内扣前脚掌点地，左腿弯曲；同时右拳下按于腹前，左拳向身体左前方45°斜前方钻出，力达拳峰；目视右拳前方。（图3-87、图3-88）

图3-87　　　　　图3-88

【动作要点】

拧腰、转髋、钻拳，动作协调连贯。

【易犯错误】

左拳钻出时未由腰间发出，故而无力。

第三十五式　连环手

1. 接上式。左手由拳变掌收于右肩前，右手变拳收于腰间；左脚从右脚后放插步同时身体左旋转180°下蹲成高马步；右手从腰间向右方冲拳；目视右拳。（图3-89）

图3-89

2. 上动不停。右手收回向左方冲拳，左手不动；身体向左旋转90°；左腿半屈膝，右腿伸直成左高弓步；目视前方。（图3-90）

3. 上动不停。右拳收回腰间，左掌向身体前方推出；同时右腿由后向前蹬出，力达脚跟。（图3-91）

4. 上动不停。右拳从腰间向前冲拳，左掌收回右手肘关节内侧；同时右脚收回向身后落腿，膝盖伸直，左腿半屈膝成高弓步；目视前方。（图3-92）

图3-90

图3-91

图3-92

【动作要点】

四个动作连接注意上步与出手的顺序，一气呵成。

【易犯错误】

动作之间停顿过多，身体重心丢失。

第三十六式　双擒手

接上式。左手向身前伸直，同时双手十指紧握成擒手，向后拉扯至胸前（左手肘关节弯曲向下，右手肘关节弯曲抬至与肩平行）；同时身体向右方旋转90°。右脚向后退步，重心移至右脚，右腿屈膝半蹲，左脚回收至身前（前脚掌虚点地面）成高虚步，身体保持中正；目视左方。（图3-93）

【动作要点】

1. 重心在于右脚，左脚脚尖虚点。
2. 双擒手在一条平行线，回拉时由肘关节发力。

【易犯错误】

前脚后撤步过小，两脚距离过大，导致重心不稳。

图3-93

第三十七式　白蛇吐信

接上式。左手变掌自然下落，与胸口平行，右手变掌从左手上方插出，与肩平行；身体向左旋转90°，左脚原地下落，右脚原地向上，由前脚掌蹬地发力；目视前方。（图3-94、图3-95）

图3-94 　　　　　　图3-95

【动作要点】

依靠右脚蹬地带动腰胯发力，力达右手指尖。

【易犯错误】

1. 插掌时过高或过低。
2. 前脚后撤步过小，两脚距离过大，导致重心不稳。

第三十八式　滚身拗肘

接上式。右手变拳收于腰间，左手肘关节向头顶上方翻顶；身体向右旋转180°，右脚自然下落向外旋转，左脚向内旋转前脚掌点地；目视左手肘关节。（图3-96~图3-98）

图3-96 　　　　　　　　图3-97

图3-98

【动作要点】

身体向右旋转同时，左手肘关节向上翻顶。

【易犯错误】

顶肘时力达头顶。

第三十九式　子午手

1. 接上式。双腿不动；同时右手由掌变为凤眼拳收回右腰间，拳心向上，左手由爪变为凤眼拳，从左向右内旋划圆至身体前方，拳心朝上。（图3-99）

2. 身体左转；右拳从腰间向前平击，左拳收于腰间向后拉，拳眼向上，拳心向内；目视前方。同动作左右交替做两拳。（图3-100）

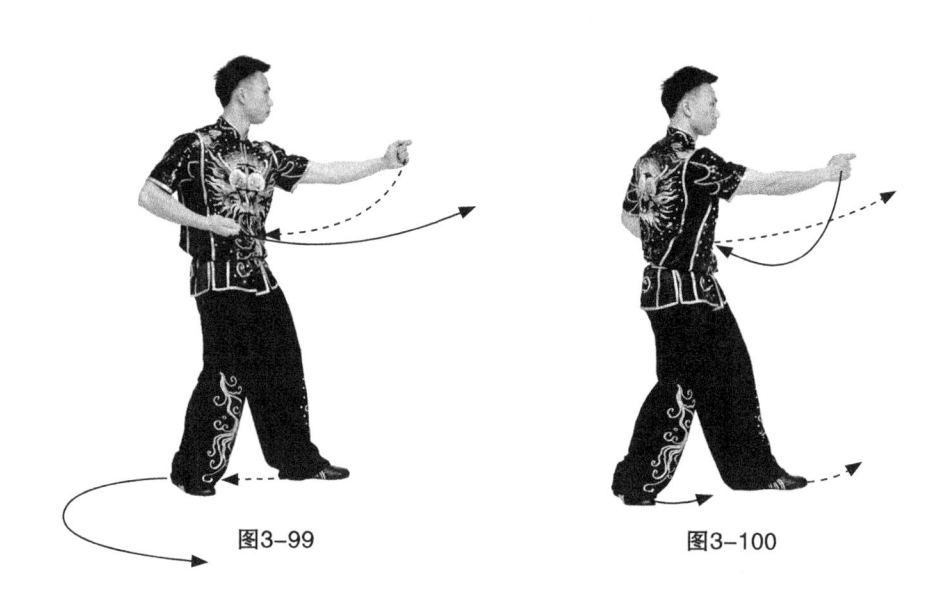

图3-99　　　　　图3-100

【动作要点】

腰转胯，以腰催力，力达拳面。

【易犯错误】

腰间抱拳松懈，发力不顺畅。

第四十式　飚插掌

接上式。双手变爪同时向后拉扯至左腰间，左脚向后退步，右脚不动（图3-101、图3-101附图、图3-102、图3-102附图）。双手同时从腰间向前插掌，手臂伸直（左手与小腹平行，右手与肩平行），右脚向前上半步，左脚跟步成高虚步；目视前方。（图3-103、图3-103附图、图3-104、图3-104附图）

55

图3-101

图3-101附图

图3-102

图3-102附图

图3-103

图3-103附图

图3-104　　　　　　　　　图3-104附图

【动作要点】

插掌时运用腰胯带动手臂发力。

【易犯错误】

左右手插掌过低或过高。

第四段　动作

第四十式　回身摆掌

接上式。身体向左旋转180°；同时，双手向左平行摆掌，成高虚步；左手在上，右手位于左手肘部下方，掌为立掌；目视前方。（图3-105）

【动作要点】

由腰胯带动双手，做拧转运动。

【易犯错误】

两掌间距离过大或过小、翻肘。

图3-105

第四十一式　左翻江倒海

1. 左脚向斜后方撤步，靠于右脚脚踝内侧；右手由外向内经左腰收至腹侧。（图3-106、图3-107）

2. 上动不停。左脚向前迈出后右脚继续前跨一步，左脚跟进半步。同时，右手经左手上方穿出，左手护于右肘处，成右虚步双排手。（图3-108、图3-109）

图3-106

图3-107

图3-108

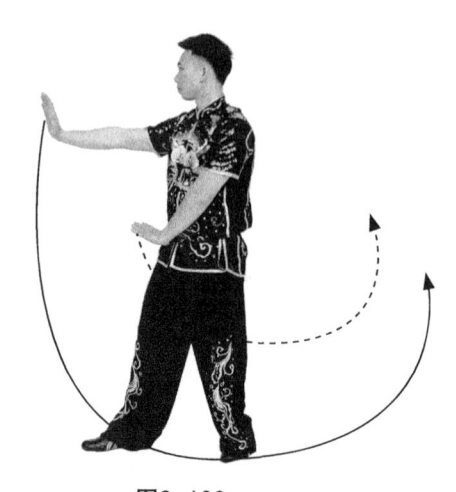

图3-109

【动作要点】

右脚跨前落地后,左脚迅速托步跟进。

【易犯错误】

手脚配合未能协调一致。

第四十二式　右翻江倒海

1. 右脚向后方斜退,靠于左脚脚踝内侧;左手由外向内经左腰收至腹侧。(图3-110)

2. 上动不停。右脚向前迈出后左脚继续前跨一步,右脚跟进半步;同时,左手经右手上方穿出,左手护于右肘处,成左虚步双排手。(图3-111~图3-113)

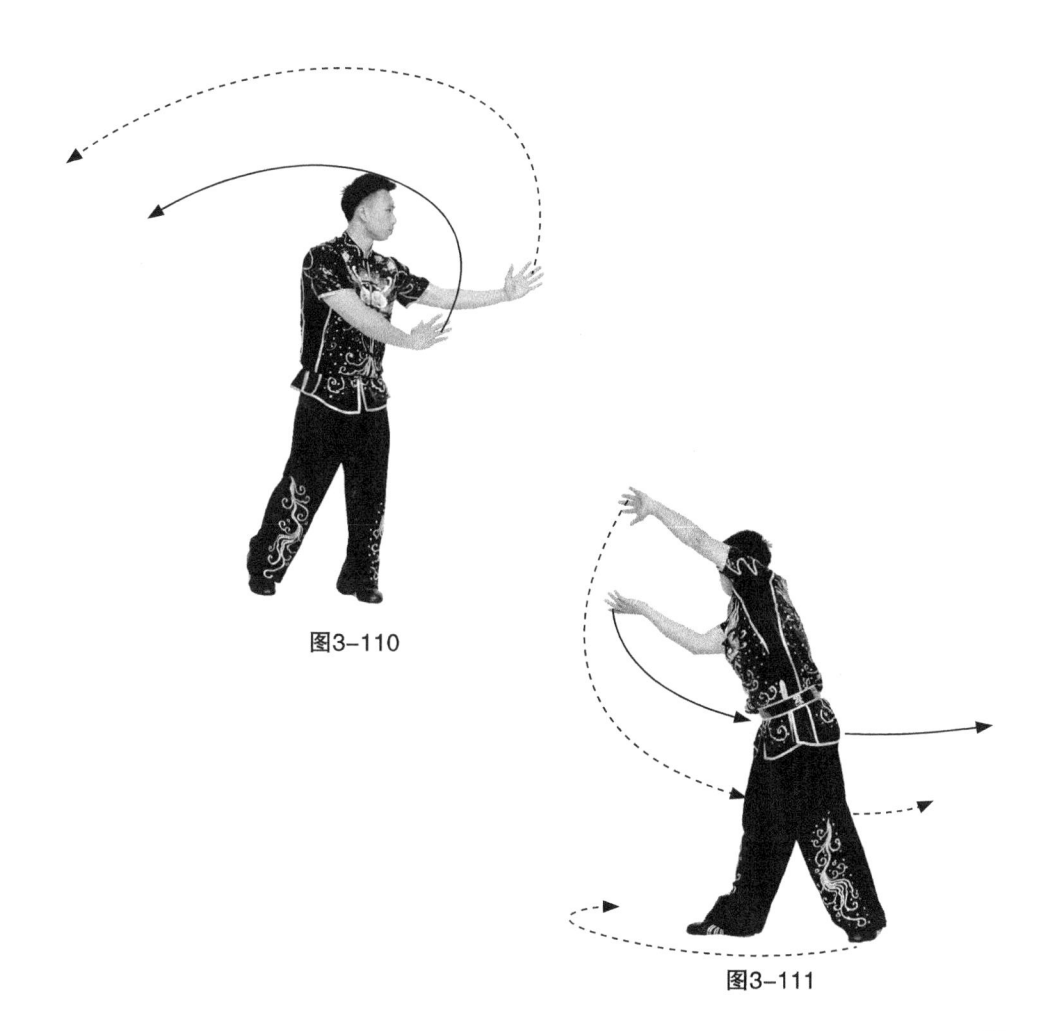

图3-110

图3-111

图3-112　　　　　　　　　图3-113

第四十三式　金鸡探枝

接上式。左掌变拳收回腰间；左脚向前上半步，成单腿半蹲，右腿膝关节成90°，向前做勾脚提膝；同时，左手向前平行推掌，右掌变勾手由前至后勾出；目视前方。（图3-114）

【动作要点】

保持身体重心，步法灵活，推掌迅速，力达掌根。

【易犯错误】

重心过高或过低，力未达掌根。

图3-114

第四十四式 伏虎式

1. 接上式。左脚原地不动，右脚向前迈一步成高马步；右手变拳向内屈臂划弧，使肘关节撞击左手掌心。（图3-115）

图3-115

2. 上动不停。右拳由左手内侧经胸口向斜上方做捶击动作，左手平移至头顶成架掌；同时，双腿屈膝下蹲，左脚与地面垂直成90°；右脚平行于地面，脚掌内扣45°，右脚尖点地。（图3-116、图3-117）

图3-116 　　　　图3-117

【动作要点】
1. 步伐稳健，动作连贯，一气呵成。
2. 拧腰转胯，发力顺达。

【易犯错误】
手脚配合不一致，转腰拧胯不充分。

第四十五式　灵蛇出洞

接上式。右手由下至左而上向右划弧一周收于腰间；右脚脚踝向外扣90°震脚，左脚向前迈一步（图3-118、图3-118附图）。左手顺势向前推出；重心下蹲，成高马步推掌；目视左侧。（图3-119、图3-119附图）

图3-118　　　　　　　　　图3-118附图

图3-119　　　　　　　　　图3-119附图

【动作要点】

翻打用腰，动作连贯。

【易犯错误】

翻打时，右脚踝未向外扣脚。

第四十六式　青龙探掌

接上式。左脚原地不动，右脚向前提膝上步，成高马步；双手在头顶做云手动作（图3-120）。右手内旋，掌心向外，屈臂回挂，左掌向斜前方推出；左脚蹬地成横裆步；目视左手。（图3-121、图3-122）

图3-120

图3-121

图3-122

【动作要点】

左右手配合协调一致。

【易犯错误】

横裆步做成高弓步，两手间距过大。

第四十七式　引气归元

1. 接上式。由横裆步变回高马步；双手收回身体两侧，从腰间由下向两侧平举，与肩平行，掌心向上。（图3-123）

2. 上动不停。两手由两侧向前合拢，双手内旋，掌心向下，收于胸前；左脚收回右脚内侧，双手向下按压至腹部，同时双腿向上蹬直。（图3-124、图3-125）

图3-123

图3-124

图3-125

【动作要点】

1. 上下肢配合一致。

2. 气沉丹田。

【易犯错误】

1. 呼吸与动作不一致。

2. 眼未随手动。

收势

两手放于大腿外侧，自然下垂；两脚并拢；双眼目视前方，成立正姿势。（图3-126）

【动作要点】

两脚尖并拢站立，虚灵顶劲，沉肩放松。

【易犯错误】

站立时两肩未下沉，两脚脚尖外展未并拢。

图3-126

图3-127

抱拳礼

1. 并步站立；左手四指并拢，伸直成掌，拇指屈拢，右手成拳，左掌心掩贴右拳面，左指尖与下颌平齐。

2. 右拳眼斜对胸窝，置于胸前屈臂成圆，肘尖略下垂，拳掌与胸相距20~30厘米。（图3-127）

【动作要点】

1. 自然抱合，松紧适度。

2. 头正，身直，目视受礼者，面容举止自然大方。

【易犯错误】

1. 双手抱拳过高。

2. 双手距离胸前太近。

第三节 峨眉拳套路动作路线图

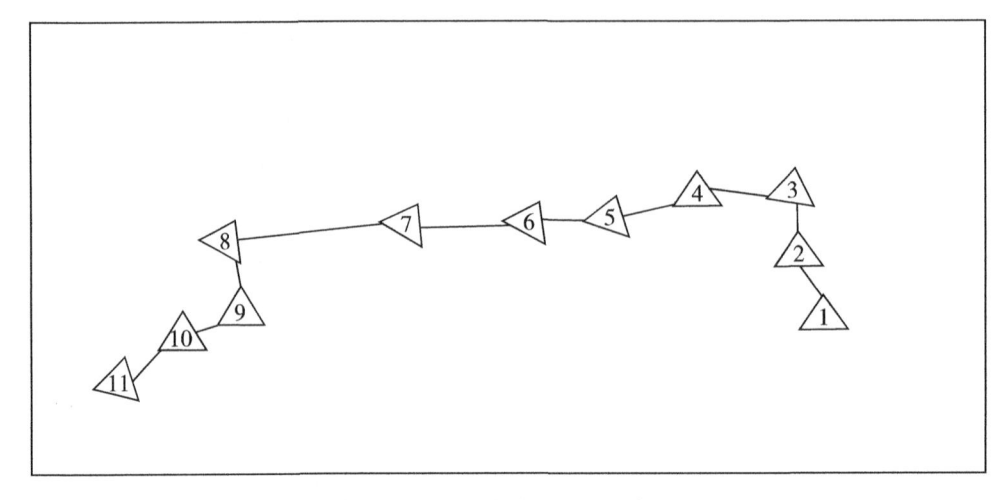

第一段 峨眉拳动作路线示意图

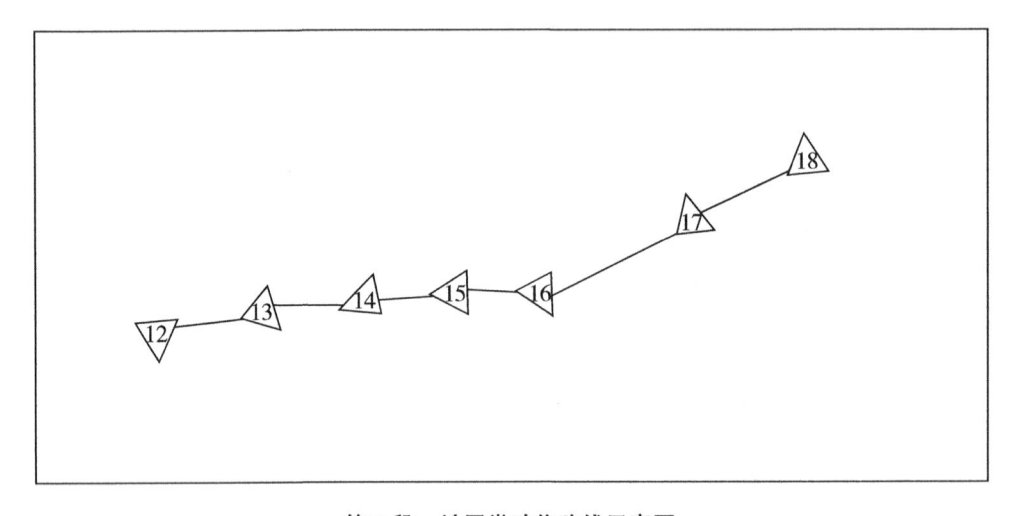

第二段 峨眉拳动作路线示意图

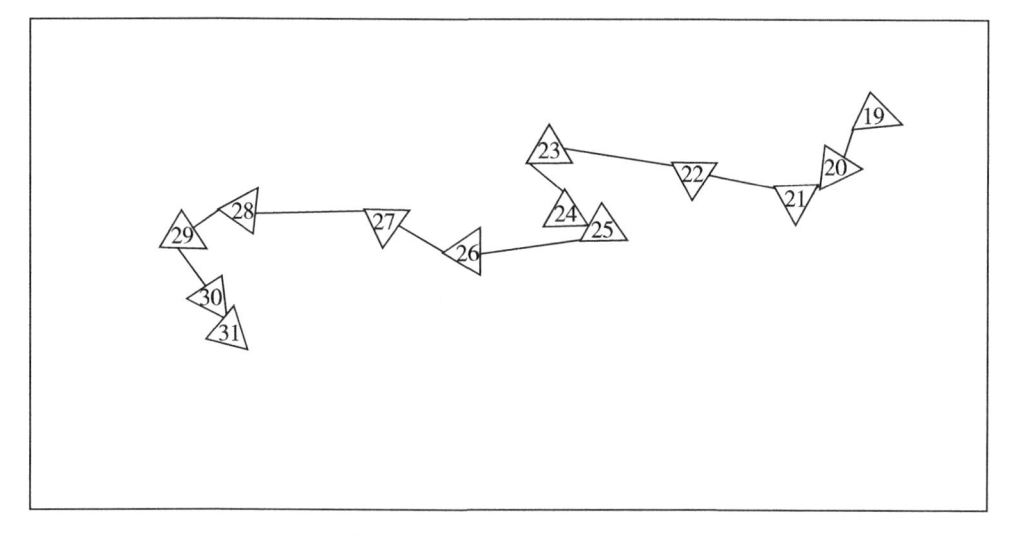

第三段　峨眉拳动作路线示意图

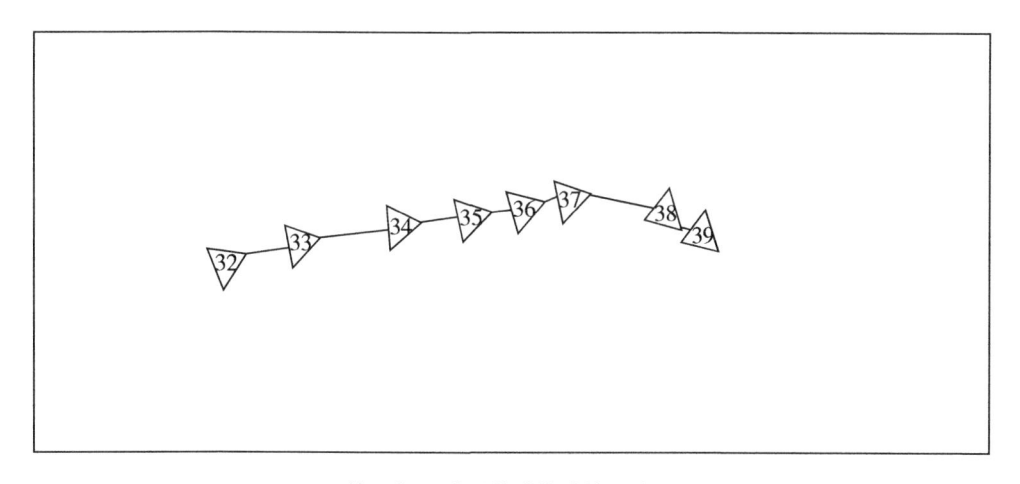

第四段　峨眉拳动作路线示意图

67

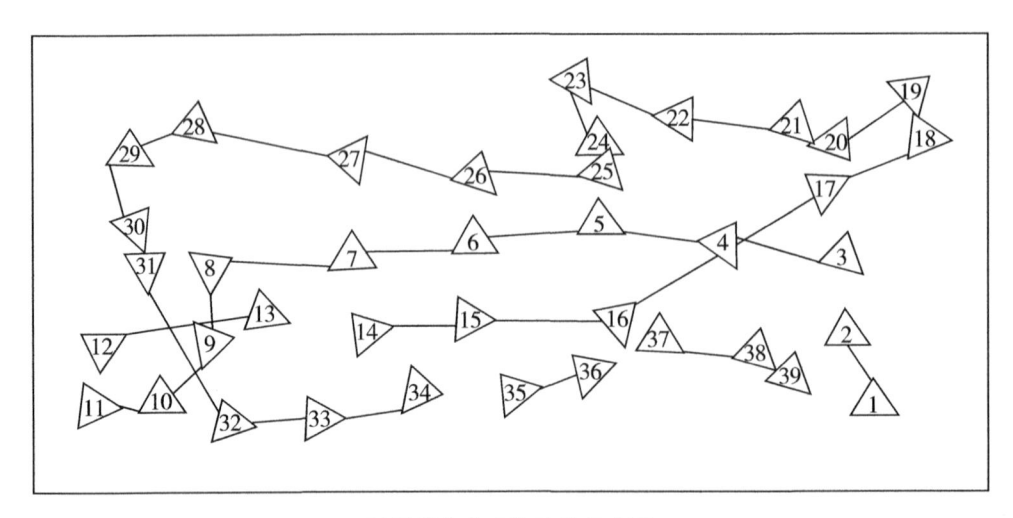

峨眉拳全套动作路线示意图

第四章　峨眉拳对练技击动作图解

甲、乙正面对峙（左边为甲，右边为乙）。

第一段　技击动作图解

1. 乙右手抓甲左手腕。甲右拳由拳变掌外旋，同时抓住乙右前臂，左手握紧乙手腕，身体右转，带动双臂后拉。（图4-1~图4-3）

图4-1

图4-2

图4-3

69

2. 捶迎面

乙出右拳击打甲面部。甲旋身下按，左拳钻出击打乙咽喉或面部。身体左转，右拳向内格挡，乙右拳被甲格挡后冲出左拳，甲左手翻拳顺势抓握并往后拖拽，使乙失去重心，同时将右手向上伸出攻击乙颈部。（图4-4~图4-6）

图4-4

图4-5 　　　　　　　　　　　图4-6

3. 猿猴撞肘

乙出拳击打甲心口。甲身体右转，重心移至右腿；左手变掌，左手臂向下内翻格挡，而后左上臂外翻，带动左掌抓住乙前臂后拉，同时右掌由上至下向乙颈部劈，而后右手顺势向下变顶肘平击乙胸口。（图4-7、图4-8）

图4-7 　　　　　　　　　　　　图4-8

4. 猿踢

乙出左拳击打甲腹部。甲左手变掌，同时内翻格挡并抓住乙手腕后拉，右肘抵住乙左肩；同时右腿钩踢乙的左腿。（图4-9~图4-12）

图4-9 　　　　　　　　　　　　图4-10

图4-11 　　　　　　　　　　　　图4-12

5. 罗汉架打

乙出左拳击打甲面部。甲左手变拳向上格挡；同时下蹲重心成高马步；而后出右拳击打乙胸部。（图4-13、图4-14）

图4-13 　　　　　　　　　　　　图4-14

第四章 峨眉拳对练技击动作图解

图4-15

6. 双擒手

乙出左拳击打甲面部。甲向右侧身，同时甲双手抓住乙左手腕向后拉扯。（图4-15~图4-17）

图4-16

图4-17

73

第二段　技击动作图解

1. 转身回拴手

乙出右拳击打甲咽喉。甲左脚向前迈步,身体向左旋转;同时左手变掌,向上外翻格挡,而后右臂弯曲肘关节,平行由右至左向前击打乙肋骨部位。(图4-18~图4-20)

图4-18

图4-19 　　　　　　　　图4-20

2. 翻打跌

乙出右手抓甲右手腕。甲重心微微上升，身体微微右转，带动右手右转，同时左手抓按乙右手上；而后身体重心迅速大幅度下沉，同时身体左转，带动双手左转并且双手外旋，将乙擒拿。（图4-21~图4-24）

图4-21

图4-22

图4-23

图4-24

图4-25

3. 白猿展臂

乙出左拳击打甲腹部。甲左手下沉接手,而后左上臂带动左手逆时针旋转,将乙拳引至身体左外侧,而后上右步,同时右掌下劈,劈砍乙颈部。(图4-25~图4-27)

图4-26

图4-27

图4-28

4. 桃捶子午手

乙右手拉住甲左手腕部。甲身体左转闪躲，右腿向前迈出，右拳向外盖出，击打乙右肘，改变乙右拳方向，左腿跟步，而后甲左右交替冲拳击打乙胸部。（图4-28~图4-30）

图4-29

图4-30

图4-31

5. 回身翻打

乙出右手抓甲右手腕。甲右腿向右前侧迈出一步，身体左转；左手抓住乙右上臂，右手上引而后从上向前下方划立圆，击打乙面部。（图4-31~图4-33）

图4-32

图4-33

第四章　峨眉拳对练技击动作图解

第三段　动作技击图解

图4-34

图4-35

1. 破喉掌

乙出右拳击打甲面部。甲左掌向内格挡，而后左掌内旋下按，右掌变横击打乙咽喉。（图4-34~图4-36）

图4-36

2. 双凤朝阳

乙双拳同时平击甲面部。甲双前臂由内向外翻进行格挡,将乙双手分开。(图4-37、图4-38)

图4-37 　　　　　　　　　　图4-38

3. 猛虎顶膝

乙双拳同时平击甲面部。甲双手由内向外抓握,而后向下拉扯,同时抬左腿提膝顶撞乙的面部或胸部。(图4-39~图4-42)

图4-39

第四章 峨眉拳对练技击动作图解

图4-40

图4-41    图4-42

81

4. 黑虎蹬踹

乙双拳同时平击甲面部。甲双手由内向外抓握，而后向下拉扯，同时抬右腿正蹬乙的胸部。（图4-43~图4-46）

图4-43

图4-44

图4-45

图4-46

5. 猿猴撞肘

乙出拳击打甲心口。甲身体右转，重心移至右腿，左手变掌，左手臂向下内翻格挡，而后左上臂外翻，带动左掌抓住乙前臂后拉，同时右掌由上至下向乙颈部劈，而后右手顺势向下变顶肘平击乙胸口。（图4-47~图4-49）

图4-47

图4-48 　　　　　　　　　　　图4-49

6. 迎面捶

乙出右拳击打甲面部。甲身体左转，右拳向内格挡，而后右拳内旋下按，左拳钻出击打乙咽喉或面部。（图4-50、图4-51）

图4-50

图4-51

7. 白蛇吐信

乙出右拳击打甲面部。甲右手变掌，手臂抬起，而后内旋下压，将乙右拳向下按压，同时右手手掌用指尖击打乙喉部。（图4-52~图4-54）

图4-52

第四章　峨眉拳对练技击动作图解

图4-53 　　　　　　　　　　　图4-54

8. 飚插掌

乙出拳击打甲胸部。甲左脚后退一步，双手抬起抓握住乙手臂，向下后方拉扯，而后甲双手变掌，右手在上左手在下向前用指尖击分别打乙喉部与腹部。（图4-55~图4-57）

图4-55 　　　　　　　　　　　图4-56

85

图4-57

第四段　技击动作图解

1. 金鸡探枝

乙出左拳击打甲面部。甲左脚向前迈步下蹲，重心向左，偏头躲闪，同时右脚向前由内向后钩踢乙左脚，甲右手向后钩手，左手变掌向前推出击打乙胸部。（图4-58~图4-60）

图4-58 　　　　　　　　图4-59

图4-60

2. 伏虎势

乙出右拳击打甲面部。甲左手变掌向内格挡，而后左掌内旋下按，右拳由内向外翻打乙面部。甲向内收手，而后向斜下方捶打乙裆部，同时重心下蹲成麒麟步。（图4-61~图4-63）

图4-61

图4-62

图4-63

3. 青龙探掌

乙出右拳击打甲面部或咽喉。甲身体左转，右手接手，而后身体右转，带动手臂顺势化劲，同时右手抓住乙手腕，左手上托于乙肘部，而后右手外旋并后拉，左手顺劲向前下方内旋下按于乙右肩，将乙擒拿。（图4-64~图4-66）

图4-64

图4-65

图4-66

第五章　峨眉剑概述

第一节　峨眉剑的历史沿革

一、峨眉剑的起源

《初学记》引《释名·释兵》曰："剑，检也，所以防检非常也。"指出剑最初的作用是防身自卫。中国武术的很多流派都有剑器的使用和演练。峨眉武术是具有巴蜀本土特点的地域武术的总称。它起源于春秋战国，自成体系于南宋，鼎盛于明清，历史渊源由来已久。峨眉派武术器械之一的峨眉剑的历史也是相当深远的。2007年8月在四川省峨眉山市举行的中国四川峨眉（国际）武术节就将在峨眉山出土的战国时期的巴蜀青铜柳叶剑作为峨眉武术的标志。

在原四川地区（或原巴蜀地区）地域近、现代的考古挖掘中，发现两汉时期的巴蜀墓葬中，广泛出土一类剑身呈柳叶形的、剑身上有相似的特殊图纹的青铜剑，我们称之为巴蜀式青铜剑。也就是峨眉派武术器械之峨眉剑的前身。巴蜀式青铜剑的形制非常统一，大致可以区分为两种形式：巴蜀铜剑的剑身呈柳叶形，比较窄细，而且不装剑格，这种剑型很便于掷击。另外，巴蜀铜剑的装饰极富特色，其剑身都有神秘的图纹符号，剑身基部常铸刻象形的图纹，常见的有虎纹、手纹、花蒂纹、鸟纹、蝉纹等，以及其他许多不认识的抽象符号。这些图纹符合不独见于铜剑，也广泛见于巴蜀地区出土的其他青铜兵器，如戈、矛、钺等；巴蜀式剑的显著特点就是铸有巴蜀图纹的柳叶形青铜剑。

因此，巴蜀地区习剑之风历史悠久，赋予了峨眉剑深厚的历史底蕴，提供了广阔的发展基础，同时，峨眉剑的传承创新也是峨眉武术传播的重要途径。

二、峨眉剑的发展

峨眉剑是一种剑术套路。剑在中国传统武术器械中有"短兵之帅"的美称。剑始源于殷商以前。春秋战国以来，征战频繁，铸剑的技术和剑术的击刺方法日臻精良和娴熟。到了汉代，剑术更加盛行，从皇帝到一般的老百姓，几乎人人带剑。到唐朝时，剑术的发展更到了神妙的境界。剑术发展至今，已自成体系，形成了风格各异、技法多变的各种套路形式。峨眉剑是在吸收各门各派的剑术的演练特点基础上编创的极具峨眉风格的剑法。

峨眉武术是起源于四川峨眉山地区并广泛流传于整个四川乃至西南地区的武术的总称。峨眉武术发祥于峨眉山，门派有80多个，拳种、拳路成百上千，为中华武术三大流派之一。峨眉武术通过与佛、道、儒文化相互融合，促进了自身发展，它讲究刚柔相济、内外兼修，动作似快而慢，快慢相间，似柔而刚，刚柔相济。

峨眉武术器械中，十八般兵器样样俱全，其中以剑术和枪术最为著名。峨眉剑套路动作严谨、衔接奇妙。剑术演练时，身法上讲究扭拧折叠、吞吐俯仰、翻滚杀逼；剑法上要求剑行似燕飞，剑落如风停，趋避须眼快，四两拨千斤，从而达到"练时无形似有形，起落翻转任你行；气要顺剑走，两眼随剑行；步要随腰动，腰动手脚灵"。峨眉剑的演绎充分体现了峨眉武术的"刚、柔、脆、快、巧"的特殊风格。

第二节　峨眉剑的演练风格

一、峨眉剑的风格特点

（一）劲力顺达

峨眉剑与其他剑不同的是，一般的剑练起来轻快潇洒、优美大方，而峨眉剑特别注重点、劈、刺、撩的劲力，动作严谨，衔接巧妙，招式凶猛，方法独特。其特点在于击法明快，撩挂划圆，翻如闪电，云穿转圈，上惊下取，剑法多变，刺如猛虎，劈斩如山，抹截拦扫，虚实相间，以活为本，以快为上，以巧取胜。峨眉剑在演练中，要使全身的劲通过脚、腰、肩、肘、腕直接贯到剑尖或三寸剑锋上。

（二）注重实践

峨眉剑很注意实战击刺的演练，要求做到"练时无形似有形，起落翻转任你行。气要顺剑走，两眼随剑行；步要随腰动，腰动手脚灵"。击法上讲究"上刺咽喉、中扎心，下刺脚面和会阴，起身剑挑帽，背后削下肢，绞缠藏杀手，冲刺不留情"。身法上讲究扭拧折叠，吞吐俯仰，翻滚杀逼。剑法上要求剑行似燕飞，落剑如风停，趋避须眼快，四两拨千斤。

（三）步法斜出

峨眉剑步法特别注重斜出，因为剑有两刃，两侧薄而锋利，所以不能用生格硬拦的方法，只有采用斜出走边门，这就是人们常说的"抢外门"的方法。这种方法是寓攻于避，即躲开敌方的锋芒，走边门而进，然后出其不意地攻击敌方。总之，在步法上不能拘泥于旧有的程式和条框，应审时度势、随机应变。

（四）刚柔兼备

峨眉剑劲力法则有刚有柔，具体表现在剑术运动及剑法的运用过程中柔中有刚，刚中有柔，相互渗透。

（五）气韵洒脱

剑的气韵表现在剑术运动的节奏和气度中。剑的节奏刚柔、张弛、轻重、伸缩、起落等方面以及剑气度的起承转折、动静、疾缓等变化，都要做到"单手独运捷于电""手眼清快身脚轻"，使剑与手、眼、身、步通体轻快敏捷。同时还要做到内外贯通、身械和谐、气度宏大、潇洒自如。

二、峨眉剑的练习方法

（一）练法要求

1. 击：直击，剑由上往下劈；横击，剑由左（右）向前平斩；斜击，剑由斜下向斜上截击；撩击，剑由下向前上撩击。
2. 刺：分上、中、下三个部位。
3. 格：有上格、旁格之分。一般用平面剑，不能用剑刃，是主要用于防御敌械的一种方法。
4. 洗：是撇开敌械、防中代攻的方法。如左右剪腕花、反撩腕花侧身云剑、仰身云剑等。在于虚实相映，攻守并行。

（二）身型基本要求

1. 竖项收颌：头正颈直，嘴微闭，舌顶上腭。
2. 沉肩坠肘：直腰，实腹，敛臀，收胯，胸自然内含；以鼻呼吸，气沉丹田。
3. 含胸拔背：胸部要舒松自然，不要故意前挺，也不要故意内收；背部要舒展，背松则气顺，体态就中正。

（三）身法要求

1. 多用高姿势，少用低姿势。高姿势伸缩性大，变化快；低姿势速度慢，不利于周旋。
2. 尽量侧身对敌，这样才能最大限度地减少可被敌攻击的面积，同时也缩小了需要自己防护的范围。正面走式，露空太大。
3. 转换身法的过渡动作快，切忌身形过缓、转换不灵。

（四）步法要求

变换中要虚实分明。不论走式或发力，峨眉剑都要求双脚不得同时放实，必须始终保持一脚实、一脚虚的态势，这样才利于保持步法转换的轻灵。它不靠硬弓硬马来保持桩架的稳固，而是靠灵活多变的步法来保持身体重心的平稳。

（五）剑法要求

峨眉剑法走剑时要柔如游蛇，外松内聚，飘然轻灵，虽柔亦刚。在对敌中，对剑时剑尖要始终对准对抗中线，剑尖始终不离开敌方，剑尾可随意游动。峨眉剑讲"剑不行尾"，即剑尾不能对准敌方。

（六）教法要求

1. 加强剑术基本功练习

加强剑术基本动作的练习，是提高质量的重要环节。在教学过程中如果能熟练掌握各种剑法的运行路线及使用方法，对掌握整套动作规格、正确的运用剑法和提高质量都是不可忽视的。

2. 采取形象教学

形象教学是提高套路演练技巧的重要手段之一。因剑势轻灵，剑法变化多端，演练时要求气势贯穿，形神合一。在学练过程中，可以采取形象的比喻方法。例如说剑术演练像飞凤一样潇洒、像浮云一样飘逸、像脱兔一样敏捷轻灵等。通过形象比喻的教学方法，以增强想象力，对尽快掌握剑术的演练技巧有着重要的意义。

3. 重视组合动作的练习

剑术的组合动作是将若干剑法根据不同对象并遵循由浅入深和由简到繁的原则，按照一定的劲力规律编排的若干动作组合。通过组合动作的练习，可以进一步提高剑法的技术水平，加快掌握身械协调的能力和劲力顺达，以及动作间的衔接要领。所以，进行组合动作的练习，不仅是学习剑术套路的基础，而且是提高套路演练水平的有效手段。

第六章　峨眉剑基本动作与基础练习

第一节　峨眉剑的基本动作

一、基本手型及持握方法

（一）手型

1. 剑指：无名指、小指的第二、三指节向掌心弯曲，拇指折曲，以第一指节扣压无名指与小指的第一指节上，食指和中指伸直并拢成剑指。拇指一侧向上，指尖向前为立剑指；手心向下，指尖向前为平剑指。（图6-1）

图6-1

（二）持握剑法

1. 持剑：两脚并步站立；左臂内旋成手心向后握住剑柄，拇指扣住内侧剑格，中指、无名指和小指扣住外侧剑格，食指伸直压住剑柄，使剑身贴靠前臂垂立于左臂后，右臂伸直贴靠右腿外侧。（图6-2、图6-2附图）

图6-2　　图6-2附图

2. 正握立剑：手握剑柄，拇指压于食指第二指节上，其余四指并拢握紧剑柄，虎口向上，剑刃向下。（图6-3）

3. 立剑：虎口正对剑格，五指如同平握拳环握剑柄，拇指屈压在食指第二指节上，腕部挺直。（图6-4）

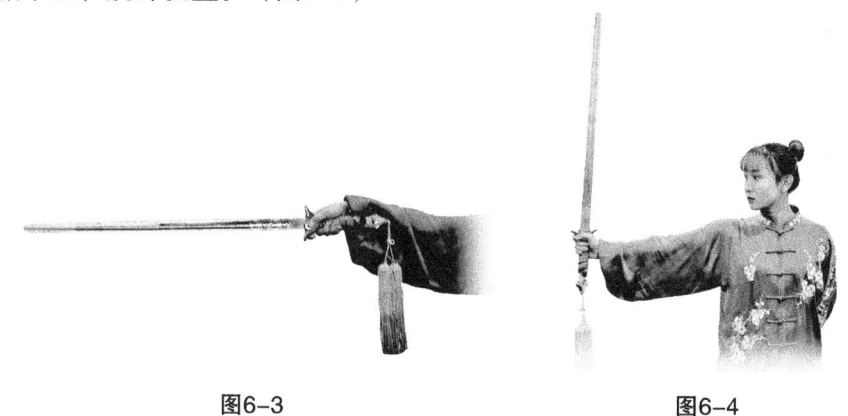

图6-3

图6-4

二、基本步型与步法

（一）步型

1. 弓步：两脚前后开立（约为本人脚长的4～5倍），前腿屈膝半蹲（大腿接近水平），脚微内扣，膝关节与脚尖在一条垂直线上；后腿挺膝伸直，脚尖内扣斜向前，两脚全脚着地，横向距离约为10厘米，身体重心略偏于前脚，上体正对前方；眼向前平视。左脚在前为左弓步，右脚在前为右弓步。（图6-5）

【要点】前腿弓，后腿绷。挺胸、塌腰、沉髋，挺胸收腹不晃动。

图6-5

2. 马步：两脚平行开立（约为本人脚长的3倍），脚尖正对前方，屈膝半蹲，膝关节不超过脚尖，膝关节内扣，膝盖与脚尖约在一条垂线上，大腿接近水平，全脚着地，身体重心落于两腿中间。（图6-6）

【要点】挺胸、塌腰，脚跟外蹬，脚尖正踩，膝盖内扣。

图6-6

3. 仆步：两脚左右开立，左腿屈膝全蹲，大腿和小腿靠紧，臀部尽量下落，接近小腿，左脚全脚掌着地，脚尖和膝关节外展，右腿挺直平仆，脚尖里扣，全脚掌着地；眼向右方平视。仆左腿为左仆步，仆右腿为右仆步。武谚语："单叉下仆伏地虎，窜起下伏任自如。"（图6-7）

【要点】挺胸、塌腰、沉髋，两脚掌不得掀起或翘起。

图6-7

4. 虚步：一腿屈膝下蹲，大腿接近水平，脚尖外展45°左右，另一条腿微屈膝，以脚尖内侧向前虚点地面，两脚相距约2倍脚长，两膝相距约10厘米，重心落于后脚，脚面绷平并稍内扣。左脚虚点地为左虚步，右脚虚点地为右虚步。（图6-8）

【要点】头上顶，挺胸塌腰，身体重心落在支撑腿，虚实分明，虚步占三分。

图6-8

（二）步法

1. 上步：并步直立，一脚向前迈步；或两脚前后站立，后脚越过前脚向前迈步。

2. 退步：前后站立，前脚越过后脚，向后退一步；或并步直立，一脚后退一步。

3. 撤步：前后站立，前脚后撤一步，不超过后脚；或后脚向前移动。

4. 跟步：前后站立，后脚向前跟进半步，但不超越前脚。

5. 弧形步：

（1）上体正直，身体侧对正前方（左侧距正前方更近），两脚并步站立；两臂垂直于体侧，两掌手心向里，两指指尖向下。

（2）两膝弯曲，两腿下蹲；两肘弯曲，两手向上至两侧叉腰，大拇指向后，虎口向上，其余四指指尖向前。

（3）重心前移，右膝微屈，左膝弯曲，左脚沿着半圆弧的方向上一步，脚尖微外摆，右脚跟离地。

（4）重心前移，左膝微屈，右膝弯曲，右脚沿着半圆弧的方向上一步，脚尖微内扣，左脚跟离地；目视前方。依次重复动作（3）（4），直至右半圆弧形走完。

（5）最后一个重复动作之后，上体正直，重心前移，左膝弯曲，左脚向右脚并步，两脚尖向前；目视前方。

【要点】弧形步时，上体要正直。摆步、扣步要依次进行。弧形步时，摆步、扣步的脚尖始终朝着右半圆弧的方向。

6. 大跃步：左脚向前跨步腾起，右腿屈膝前摆，左腿向后撩摆，小腿略屈，脚面绷直；同时双手由前向上摆托身体在空中呈反弓形；双脚依次落地。

【要点】身体直立，脚面绷直，同时双手由前向上摆托身体在空中呈反弓形，劈剑力达剑尖。跳得高，跃得远，幅度大。

7. 插步：上体正直，两脚并步站立；两臂垂直于体侧，两掌心向里，两指尖向下。两膝弯曲，两腿下蹲，右脚提起经左脚跟向左一步，随之，右膝伸直，右脚前脚掌着地，左膝弯曲，左大腿接近水平；目视前方。一脚向另一脚的后方（或向另一脚的前方）踏出，脚尖点地，两腿成交叉状。

【要点】大部分重心落在左腿上。插步时，右脚向后落步，右脚前脚掌着地。上体正直。

8. 独立步：一腿立直，一腿屈膝向上抬起，小腿下垂，脚面挺直并向内扣。左腿直立，右腿抬起叫左独立步，右腿直立，左腿抬起叫右独立步。

【要点】将重心放于站立腿上。

9. 丁步：并步站立，两腿屈膝半蹲，裆间并拢，右脚全脚掌着地，左脚尖虚点地，脚面绷平，贴于右脚弓处，重心落于右腿上。左脚尖点地为左丁步，右脚尖点地为右丁步。

【要点】挺胸，塌腰，落臀，身体重心落在支撑腿，虚实分明，丁步占三分。

第二节　峨眉剑的基础练习

一、主要身法和基本剑法

（一）主要身法

1. 拧身：身体向左或向右拧转180°。
2. 仰身：并步举剑站立，右腿撤步，身体后仰，右手提剑至头部侧上方，左手剑指位于右手手腕内侧。
3. 左右转身：持剑开步站立，身体左转、右转，剑随身走。
4. 转身：随着进攻和防守的需要，有向左向右的转身，转身的方向和角度，根据进攻和防守的需要各有不同。
5. 翻身：躯干由前俯状旋转360°后仍成前俯状的动作。
6. 涮腰：两脚开立，略宽于肩，上体前俯，以髋关节为轴，两臂向左前方伸出，挥动两臂，随上体向前、向右、向后再向左做翻转绕环，左右涮腰交替进行。

（二）基本剑法

1. 刺剑：右手握剑，屈肘上提至腰间，以立剑或平剑向前直刺。根据刺剑的不同方位，分为上刺剑、平刺剑、下刺剑、后刺剑、反刺剑和探刺剑等，力达剑尖。（图6-9）

图6-9

【要点】剑与手臂成一直线，力达剑尖。

2. 点剑：右脚在前；右手握剑直臂前平举，虎口向上，左剑指立于右腕处，右手握剑提腕，剑猛向下点，力达剑尖；目视剑尖。（图6-10、图6-11）

【要点】提腕，力达剑尖。

图6-10

图6-11

3. 撩剑：立剑，由上向下，再由下向上方为撩，力达剑身前部。贴身弧形撩出，力达剑身前部。（图6-12、图6-13）

【要点】贴身弧形撩出，力达剑身前部。

图6-13

图6-12

4. 挂剑：挂剑的时候肘部应当固定不动，靠肩部带动剑运动。（图6-14、图6-15）

【要点】立剑贴身挂出，力达剑身前部。

图6-14 　　　　　　　　　　　图6-15

5. 云剑：平剑，在头顶或头的前上方平圆绕环为云。云剑要仰头，左（右）云剑头向左（右）肩侧倒，腕关节灵活。（图6-16）

【要点】上云剑要仰头，左（右）云剑头向左（右）肩侧倒，腕关节灵活。

图6-16

6. 截剑：剑尖横向侧方，用小指侧剑刃按切、阻截对方，以身带剑，力达剑刃中前部。正握剑斜向下为下截剑，反握剑斜向上为上截剑。（图6-17）

【要点】剑身斜平。上截剑斜向上，下截剑斜向下。

图6-17

7. 绞剑：右脚在前，错步站立；右手握剑前举，手心向上，以腕为轴，剑尖向右、向上立圆绕环一周，力达剑身前部，左剑指架于身后；目视前方。（图6-18、图6-19）

图6-18

【要点】绞剑动作要做到以腕为轴，圈大如碗口，一步一剑，上下协调一致。

图6-19

8. 挑剑：立剑，由下向上为挑，力达剑尖，臂与剑成一直线。（图6-20）

【要点】挑剑是一种由下向上的剑法，虎口向上，力法较为沉稳柔顺。

图6-20

9. 穿剑：上动不停。左腿屈膝前弓，右脚后撤一步，成左弓步；同时，右手持剑，手腕内旋，使剑格收于头前，手心向外，虎口向下，剑尖由后经上向左下垂，左手剑指下落附于右手手腕。重心下降，身体右转，左腿屈膝全蹲，右腿伸直平铺，成右仆步；同时，右手持剑，沿仆步经前向右下反把穿出，手心向后，左手剑指向左上方伸展；目视剑尖。（图6-21、图6-22）

图6-22

图6-21

【要点】剑身要立，不能平，持剑手拇指、食指、中指实，无名指、小指虚，方便手型转换，动作开始大开大合，缓慢。

10. 剪腕花：左剪腕花以右腕为轴，使剑由前下沉经身体左侧向上绕立圆；右剪腕花，沿身体右侧向上绕立圆。立剑在臂两侧向前下贴身立圆绕环，力达剑尖。（图6-23、图6-24）

【要点】剑走立圆，快速连贯，力达剑尖。

图6-23　　　　　　　　图6-24

11. 抹剑：平剑，由前向左（右）弧形抽回为抹，高度在胸腹之间，力达剑刃。（图6-25、图6-26）

【要点】抹剑不需要猛然发力，沉稳柔顺，路线近于水平，不要向上或向下倾斜，左手随右臂运动。

图6-25　　　　　　　　图6-26

12. 斩剑：平剑向左或向右横出，目标为头、颈，手臂伸直，力达剑刃；目视前方。（图6-27、图6-28）

【要点】高度在头与肩之间，猛斩而出，力达剑刃。

图6-27　　　　　　　　　图6-28

二、单个动作和组合动作

（一）单个动作

1. 提膝翻身左挂剑

上动不停。重心移至右腿，左腿提膝，脚面绷展，上体微右倾；同时右手持剑，使剑尖由下经两腿前左挂剑，力达剑身前段，左手剑指向身后上方领带，上架于头部左上方，掌心向上；目视左上方。（图6-29）

【要点】手腕内扣，松握剑，挂剑协调连贯，提膝翻身快速圆滑，两臂抡立圆，上贴耳旁，下近腿侧，目随剑动。

图6-29

2. 提膝翻身右挂剑

以右脚为轴，身体向左后方翻转270°；同时，右手持剑，随转体继续使剑尖向上、向前、向左下在体侧挂剑，左手剑指向后、向下随转体沿体侧划弧至左后下方，两臂微屈，含胸；目随剑动。（图6-30）

【要点】手腕内扣，松握剑，挂剑协调连贯，提膝翻身快速圆滑，两臂抡立圆，上贴耳旁，下近腿侧，目随剑动。

图6-30

3. 左右挂剑

上动不停。重心移至左腿，右脚向左后方撤一步，两腿交叉；同时，右手持剑，使剑尖经腹前向后、向上贴身做挂剑，左手剑指附于手腕内侧。身体右转90°的同时，右手持剑，剑尖向上、向前外旋，经右下在身体右侧划立圆向右后下方挂出，左手剑指由手腕处弧形打开，上架于头部上方；目随剑动。（图6-31、图6-32）

图6-31

【要点】左手配合左右挂剑。左挂剑时，两手相合与腹前，右挂剑时，两手上下分展，贴身挂剑，协调挂剑，剑走立圆，目随剑动。

图6-32

4. 转身云剑交叉步下截剑

向左转身翻剑，右手持剑，手心向外，左手剑指收回附于右肩；下肢动作不变。右手持剑绕至头顶做云剑，附于腹前（两个平拳的距离），手心向上，剑尖向左，左手剑指展于身后，手心向上；右脚上步绕于前方，覆盖在左腿前做交叉步，右手持剑从腹前翻转向斜下方做截剑，左手剑指附于背后；目随剑动。（图6-33～图6-35）

【要点】上云剑要仰头，左（右）云剑头向左（右）肩侧，腕关节灵活。剑尖横向侧方，以身带剑，力达剑刃中前端，目随剑动。交叉步，脚尖点地，两腿成交叉状。截剑，剑尖横向侧方，以身带剑，力达剑刃中前部，剑身斜平，下截剑斜向下。

图6-33

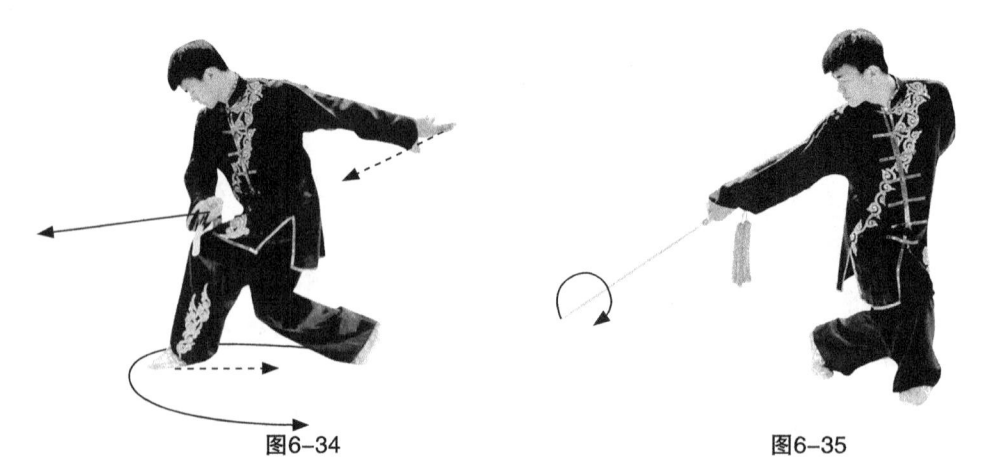

图6-34　　　　　　　　　　图6-35

5. 弧形步前点腿云斩剑

（1）先上左脚，随即跟右脚，左脚向左侧弧形步上步，共7步，至左腿在前；同时右手持剑，划弧展于前方，剑尖指向圆外，剑身平于肩，肘微屈，左手剑指从右肩展于左侧；目视剑尖。（图6-36）

图6-36

（2）接上势。左脚在前，重心移至右脚，右腿微屈，身体后仰；同时，右手持剑，使剑身收于身体前侧，手心向上，虎口向左，左手剑指附于右手手腕，下颌微收；目视剑身。（图6-37、图6-37附图）

图6-37 　　　　　　图6-37附图

（3）接上势。重心向前移至左脚，左腿微屈；右脚向前上方点出，略高于肩，脚面绷直；同时，右手持剑，手臂内旋，使剑身由左向后、向右经过头顶至斜前方做云斩剑，力达剑尖；目视剑尖。（图6-38）

【要点】弧形步时，上体要正直。摆步、扣步要依次进行，摆步、扣步的脚尖始终朝着右半圆弧的方向。上云剑要仰头，点腿略高于肩。斩剑时力达剑刃。

图6-38

（二）组合动作

1. 背身云交接剑

（1）右脚上步，重心下沉，右手持剑平抹至身前做下云剑，左手剑指附于右手手腕。双腿直立；右手持剑与肩平行，左手打开，左脚向后方撤步做插步，左手剑指附于右肩。（图6-39、图6-40、图6-40附图）

（2）接上势。向左转身；双手平抹展开，右手持剑做上云剑（过渡动作），左手剑指附于身体后方。下肢动作不变；右手持剑落于胸前，剑尖向左，手心向上，左手剑指从后方绕至前方在胸前接剑。右脚上步；左手持剑，向左平抹附于背后，右手向右平抹附于背后接剑，右手接剑的同时平抹至前方。（图6-41~图6-44）

【要点】云交接剑动作要快速、连贯。云剑时要以手腕为轴，接剑时手的虎口要贴靠剑格（护手）。插步，脚尖点地，两腿成交叉状。如行云流水，起伏不要太大，同一水平线上。

图6-39

第六章　峨眉剑基本动作与基础练习

图6-40　　　　　　　　　　　图6-40附图

图6-41　　　　　　　　　　　图6-41附图

图6-42　　　　　图6-43　　　　　图6-44

109

2. 剪腕花刺剑仆步挑剑

在同一水平上，上左脚，右手持剑，划弧到正前方做剪腕花；右脚上步，右手持剑收回腰间，左手剑指向前指出；左脚上步，重心移至中间，跨步斜刺剑，剑尖在头顶上方，左手剑指附于右肩；重心不变，左脚全蹲，右脚伸直，成仆步，同时，右手持剑，向下贴身划弧做反撩剑，至与肩平行做挑剑；右手持剑，手心向内，剑尖向上，剑指举于头顶前方，手心向上；目随剑动。（图6-45~图6-48）

【要求】剪腕花剑走立圆，快速连贯。刺剑时剑与手臂成一条线，力达剑尖。挑剑时由下向上，力达剑尖，臂与剑成一直线。仆步时，右腿屈膝全蹲，臀部尽量下落，接近小腿，脚和膝关节外展；左腿挺直平仆，脚尖里扣，全脚掌着地。挺胸、塌腰、沉髋。

图6-45

图6-46

图6-47

图6-48

3. 点剑马步下截剑

（1）右脚向回收落步，随之左脚向后退步成马步，身体向后微倒；双臂微屈，右手持剑，剑尖附于右臂后方，左手剑指附于右手手臂。右脚向后与左脚并步，双脚尖点地成击步；右手持剑，向前点剑，左手剑指向后指出，左手剑指与剑尖成一条斜线；目随剑动。（图6-49、图6-49附图、图6-50）

图6-49　　　　　　图6-49附图

图6-50

（2）接上势。左脚向左跨步；右手持剑做反剪腕花，重心下移做马步；双手回收附于左胸前（两个平拳的距离），右手持剑附于左胸前，手心向内，剑尖向上，左手剑指在右手手腕，目视右手（过渡动作）。下肢动作不变，向右摆头；同时，右手持剑，平抹至右下方做下截剑，手心朝下，剑尖向斜下方，左手剑指附于头顶前方；目视剑尖。（图6-51、图6-52）

图6-51　　　　　　　　　图6-51附图

图6-52

【要求】马步脚尖正对前方，屈膝半蹲，膝关节不超过脚尖，全脚着地，身体重心落于两腿之间。挺胸、塌腰，脚跟外蹬。剪腕花，以腕为轴，立剑在臂两侧向前下贴身立圆绕环，剑走立圆，快速连贯，力达剑尖。下截剑，以身带剑，力达剑刃中前部。上截剑斜向上，下截剑斜向下。

4. 进步剪腕花点剑

（1）左脚向后微微小跳，右脚随之依次跳动做马步；同时，右手持剑，做反剪腕花划弧附于左腰，左脚向前上步；同时，右手持剑，从下至上贴身做反撩剑。（图6-53、图6-53附图、图6-54）

图6-53　　　　　　　　　图6-53附图

图6-54

（2）接上势。右脚向前上步，重心移至中间；同时，右手持剑，做内外剪腕花收回胸前（两个平拳的距离）。左脚向前插步，覆盖在右腿前；右手持剑向前点剑，左手剑指附于剑柄，剑尖朝下。（图6-55、图6-56）

【要求】剪腕花，以腕为轴，立剑在臂两侧向前下贴身立圆绕环，剑走立圆，贴身，快速连贯，力达剑尖。撩剑时贴身弧形撩出，力达剑身前部。插步时一脚向另一脚的后方（或向另一脚的前方）踏出，脚尖点地，两腿成交叉状。

图6-55　　　　　　　　图6-56

5. 转身云剑插步下截剑

接上势。重心下移成马步；同时，双手直接回收附于左腰前（两个平拳的距离），右手持剑，手心向上，剑尖向右，左手剑指附于右手手腕。左脚上步，转身右脚退步；同时，双手刺出，在头顶上方做云剑。下肢动作不变，向右后方转身，重心下移做插步；同时，右手持剑，平抹至右斜向下做截剑，剑尖向斜下方，左手剑指附于右肩；目视剑尖。（图6-57~图6-60）

图6-57

第六章 峨眉剑基本动作与基础练习

图6-58

图6-59

图6-60

图6-60附图

【要求】马步，脚尖正对前方，屈膝半蹲，膝关节不超过脚尖，挺胸、塌腰，脚跟外蹬。云剑，平剑，在头顶或头的前上方平圆绕环，腕关节灵活。插步时一脚向另一脚的后方（或向另一脚的前方）踏出，脚尖点地，两腿成交叉状。截剑，剑尖横向侧方，以身带剑，力达剑刃中前部，剑身斜平。下截剑斜向下。

115

6. 云截剑翻身

（1）左脚上步，右脚继续蹬出，身体后仰；同时，右手持剑，右腕先内旋后外旋，使剑尖由前至左、向后平云带剑，手心向上，虎口向左，左手剑指附于右手手腕；目视上方。（图6-61）

图6-61

（2）接上势。重心右移，左腿提膝上摆，右脚蹬地纵跳，左脚向前落步；同时，右手持剑，剑尖由头顶向后、向右、向斜下方弧形截剑至前下方，手心向左，左手剑指附于右手手腕处；目随剑动。（图6-62）

图6-62

（3）接上势。右脚向前上步，右脚伸直，重心仍在左腿，上体后仰，尽量接近水平；同时，右手持剑，剑尖由下向右后方顺势摆剑，剑与肩平，以腰带剑，力达剑身前段，手心向上，左手剑指向左、向后划弧附于右臂；目视剑尖。（图6-63）

图6-63

（4）接上势。身体向左水平翻转180°，左右脚以前脚掌为轴向左后方蹍转180°，翻身压剑，成骑龙步；同时左手剑指附于右手手臂，右手持剑，剑身保持水平，力达剑尖；目视前方。（图6-64）

图6-64

【要求】云剑时平剑在头顶或头的前上方平圆绕环为云。截剑时剑尖横向侧方，以身带剑，力达剑刃中前部，剑身斜平，下截剑斜向。翻身时躯干由前俯状旋转360°后仍成前俯状的动作。

第七章　峨眉剑套路动作图解

第一节　峨眉剑剑谱名称

预备势

第一段

第一式　架剑提膝平指（鹤立鸡群）
第二式　虚步接剑（虚左以待）
第三式　弓步刺剑（封豕长蛇）
第四式　丁步点剑（蜻蜓点水）
第五式　并步点剑（青绳点素）
第六式　插步撩剑（天边挂月）
第七式　剪腕花转身弓步平刺剑（鹿驯豕暴）
第八式　提膝点剑（金鸡独立）
第九式　左虚步下刺剑
第十式　转身云剑交叉步下截剑（蛟龙入海）
第十一式　退步绞剑（笔走龙蛇）
第十二式　背身云交接剑（风驰电掣）
第十三式　云剑跪步挑剑（大蟒翻身）
第十四式　提膝穿剑（行云流水）
第十五式　戳脚前撩剑
第十六式　并步抱剑

第二段

第十七式　云剑扣步提膝（云中仙鹤）
第十八式　弧形步前点腿云斩剑（喜鹊登梅）

第十九式　退步转身右挂剑（风卷残云）
第二十式　身前挂剑（行行蛇蚓）
第二十一式　提膝翻身左挂剑（裁云剪水）
第二十二式　提膝翻身右挂剑（行流散徙）
第二十三式　左右挂剑（杯弓引蛇）
第二十四式　仆步穿剑（飞燕抄水）
第二十五式　平抹插步截剑（兔起鹘落）
第二十六式　行步云截剑（鱼跃龙门）
第二十七式　剪腕花刺剑仆步挑剑（如鲠在喉）

第三段

第二十八式　马步格剑（龙盘虎踞）
第二十九式　交叉步点剑（金鸡啄食）
第三十式　击步点剑（浮光掠影）
第三十一式　跃步劈剑（天马行空）
第三十二式　左弧形步挂剑
第三十三式　插步反手穿剑（乌鸦反哺）
第三十四式　弓步劈剑
第三十五式　撩剑后踢
第三十六式　点剑马步下截剑

第四段

第三十七式　退步左右抹剑（横扫千军）
第三十八式　进步剪腕花点剑
第三十九式　击步持剑双顶肘（双管齐下）
第四十式　弓步平举剑（一马平川）
第四十一式　跟步刺剑（兔起鹘举）
第四十二式　云剑插步截剑（挥剑成河）
第四十三式　左上步截剑（左宜右有）
第四十四式　右上步截剑（左提右掣）
第四十五式　云截剑翻身（金蛇缠身）

第四十六式　弓步展剑
第四十七式　虚步架指
第四十八式　并步持剑按指
第四十九式　收势

第二节　峨眉剑套路动作图解

预备势

身体正直，并步直立，面向正前方；左手持剑，以拇指为一侧，中指、无名指和小拇指为另一侧，分别握住护手盘与剑柄的分界处，掌心贴在护手盘下部，手背朝前，食指贴于剑柄，剑身贴于前臂后侧，右手握成剑指，食指和中指伸直并拢，无名指和小拇指屈向手心，拇指压在无名指的指甲上，手背朝上，食指、中指内扣指向左下侧，两臂在体侧下垂；目视前方。（图7-1）

【要点】抬头，挺胸，并步站立。

图7-1

第一段

第一式 架剑提膝平指

1. 接上势。双腿并步半弯曲；双手平举，从两侧绕弧线至正前方并收回右腰间，左手持剑，手心向下，剑尖向前，右手剑指附于剑柄上；含胸，目视剑尖，眼随手走。（图7-2、图7-2附图）

图7-2　　　　　　　　　　图7-2附图

2. 接上势。两腿伸直，左腿提膝，独立步大腿面高于腰，脚面绷直；右手剑指从腰间向斜45°穿出，手臂微屈，左手持剑，手心向外，剑尖向后，立于头顶前方；目视前方（图7-3）

【要点】独立步，一腿立直，一腿屈膝向上抬起，小腿下垂，脚面绷直并向内扣。抬头，含胸。

图7-3

第二式　虚步接剑

接上势。重心附于右脚，左脚向左侧落步，脚尖点地，身体转向正左侧成高虚步；双手收回抱剑附于胸前，左手持剑，手心向外，剑尖向前为横抱剑，右手附于左手手背上；目视前方。（图7-4）

【要点】虚步，挺胸、塌腰，身体重心落在右腿。接剑手的虎口要贴靠剑格（护手）。横抱剑剑尖向左（右），剑身要平。

图7-4

第三式　弓步刺剑

接上势。重心前移，左脚全脚掌落地，脚尖内扣，向前蹬直，右腿上步成右弓步；同时，右手交接剑向前平刺剑，力达剑尖，左手剑指向正后方水平指出；目视前方。（图7-5）

图7-5

【要点】弓步，前腿弓，后腿绷，大腿成水平。挺胸、塌腰、沉髋。刺剑时剑与手臂成一直线，左手略高于右手，力达剑尖。

第四式　丁步点剑

接上势。重心后移成半马步；右手持剑，剑尖向上，向后收于右肩，左手剑指附于右肩。左脚向前跟步右脚，屈膝半蹲，左脚尖点地成丁字步；同时，左手剑指向后指出，右手持剑向斜下方点剑；目视剑尖。（图7-6、图7-6附图、图7-7）

图7-6

图7-6附图

图7-7

【要点】点剑时提腕，力达剑尖。马步，挺胸、塌腰，脚尖朝前，脚跟外蹬。动作连贯、快速。丁字步，左脚尖点地为左丁步，右脚尖点地为右丁步。挺胸、塌腰、落臀，与虚步相同。

第五式　并步点剑

接上势。左脚后撤一步成马步；右手持剑，剑尖向上，向后收于右肩，左手剑指附于右肩。左脚不动，右脚向左脚并步，两脚脚尖点地；右手持剑向前点剑，左手剑指向后指出；目视剑尖。（图7-8、图7-9）

图7-8　　　　　　　　　　　图7-8附图

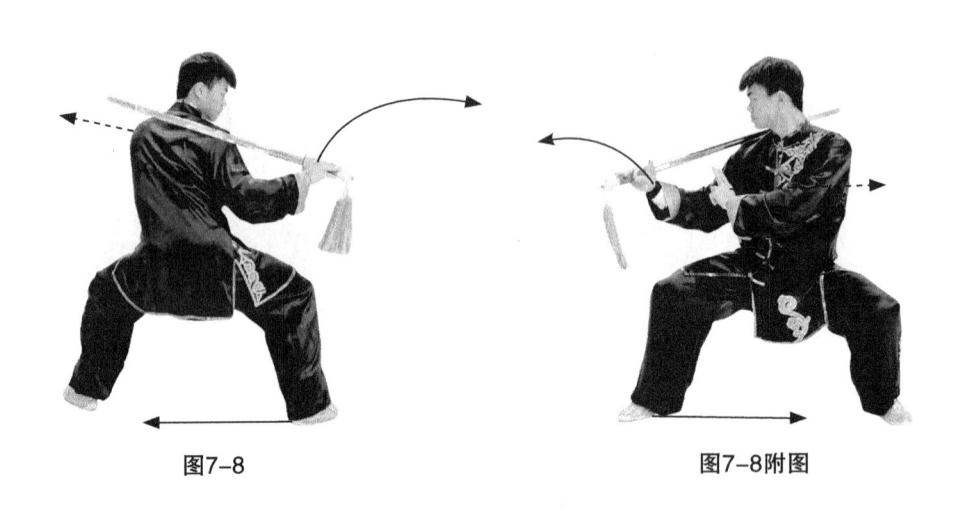

图7-9

【要点】点剑，提腕，力达剑尖。马步，挺胸、塌腰，脚尖朝前，脚跟外蹬。动作连贯、快速。

第六式　插步撩剑

接上势。左脚向后撤步站立；右手持剑，向右后撩腕花向上划弧收于左肩前方（大约一个平拳的距离），手心向内，剑尖向上，左手剑指附于右手手腕。右脚向斜后方撤步做插步；右手持剑，剑尖从身前由下往上贴身划弧撩出做反撩剑，左手剑指直接向后指出，手心向上；目视剑尖。（图7-10~图7-12）

图7-10 　　　　　　　　图7-10附图

图7-11 　　　　　　　　图7-11附图

图7-12

【要点】插步时，大部分重心落在左腿上。右脚向后落步要右脚前脚掌着地。上体要正直。撩腕花时贴身，剑走立圆，快速连贯。撩剑力达剑身前刃。

第七式 剪腕花转身弓步平刺剑

接上势。右脚向前上步；同时，右手持剑做内剪腕花，手心向上，左手剑指在身后，手心向外。左脚向前上步，覆盖在右脚前；同时，右手持剑做外剪腕花，附于左腰前（两个平拳的距离），手心向上，左手剑指收回附于右手手腕。身体向右转动，右脚向右前方上一小步，脚尖点地，左腿微屈成左高虚步；双手从左腰绕环至头顶落于腹前（一个平拳的距离）。右脚上步为弓步；右手持剑从腰间直接刺出，左手剑指向后指出，成弓步刺剑；目视前方。（图7-13~图7-16）

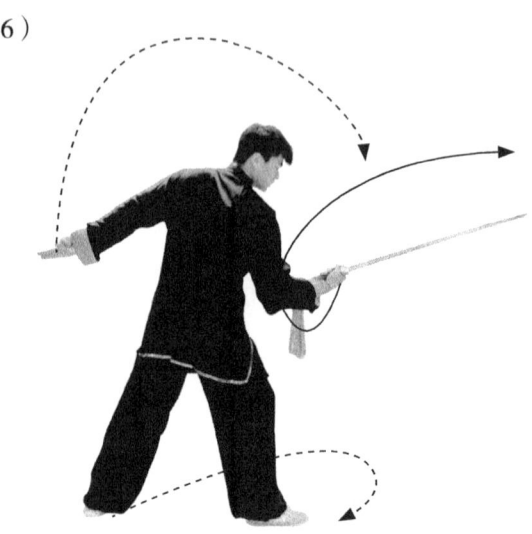

图7-13

第七章　峨眉剑套路动作图解

图7-14

图7-15

图7-16

【要点】剪腕花，贴身，剑走立圆，快速连贯。刺剑，力达剑尖，剑与手臂成一直线。弓步，前腿弓，后腿绷；挺胸、塌腰、沉髋。

第八式　提膝点剑

接上势。身体向左转动,重心后移至左腿;右手持剑,向左旋转至剑尖向下(过渡动作),手心向外,左手剑指附于头顶斜上方,手心向内。重心不变,向左转身;右手持剑向前挂剑落于右肩前,同时,向右旋转(过渡动作),左手剑指收回附于右手手腕。重心移至中间,身体向右转动;同时,双手环绕至头顶上方,右手持剑翻转,左手剑指不变,手心向外。向右转身,重心移至左腿,右腿提膝的同时双手向前点剑,力达剑尖;目视前方。(图7-17~图7-20)

图7-17

图7-18

图7-19

图7-20

【要点】点剑，提腕，力达剑尖。撩剑，贴身，弧形撩出，力达剑身前部。右手持剑注意握把的松紧度和手腕的灵活性。挂剑，立剑贴身挂出，力达剑身前部。

第九式　左虚步下刺剑

接上势。右脚向后撤步；双手展开，右手持剑，从身前由下向上划弧反撩剑，剑尖向下，左手剑指直接展开（过渡动作）。左脚向前上步；右手持剑向上绕至头顶，手心向外，剑尖向左，左手剑指直接收回附于右手手腕。右脚上步，双脚并步；双手展开平抹至胸前横抱剑（一个平拳的距离），右手持剑，手心向内，剑尖向右，左手剑指附于右手手腕。右脚上步，脚尖点地为虚，重心移至左脚，两腿微屈成左高虚步；右手持剑，从胸前向斜下方直刺，左手剑指向后指出；目视剑尖。（图7-21~图7-24）

图7-21 　　　　　　　　　　图7-22

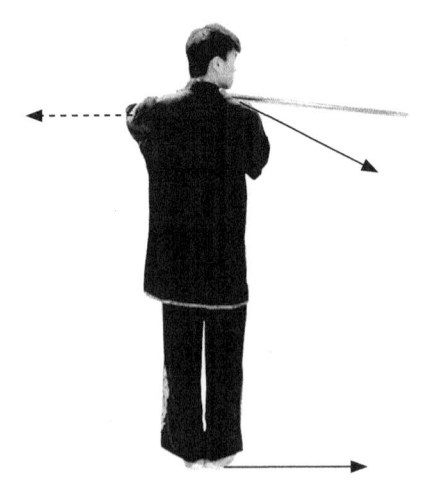

图7-23 　　　　　　　　　　图7-23附图

第七章 峨眉剑套路动作图解

【要点】划弧走立圆，连贯，贴身撩出，力达剑身前部。抱剑，立抱剑时剑身要直，横抱剑时剑身要平。刺剑，力达剑尖，剑与手臂成一直线。虚步，挺胸、塌腰，身体重心落在右腿。

图7-24

第十式 转身云剑交叉步下截剑

接上势。重心移至中间，向左转身翻剑；右手持剑，手心向外，左手剑指收回附于右肩。下肢动作不变；右手持剑绕至头顶做云剑，附于腹前（两个平拳的距离），手心向上，剑尖向左，左手剑指展于身后，手心向上。右脚上步绕于前方，覆盖在左腿前做交叉步；右手持剑，从腹前翻转向斜下方做截剑，左手剑指附于背后；目随剑动。（图7-25~图7-27）

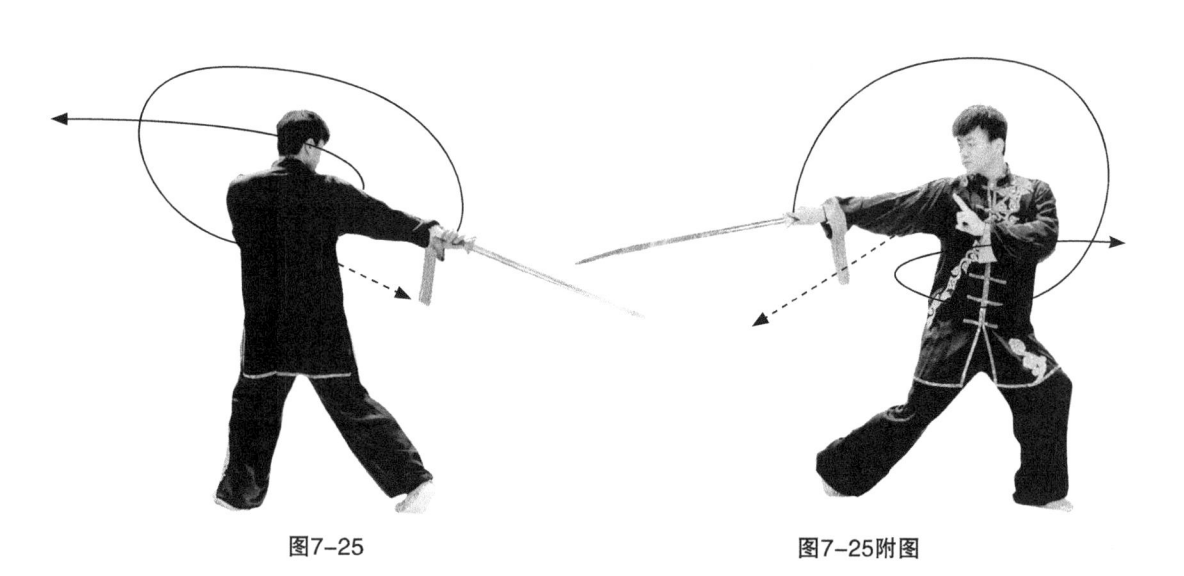

图7-25   图7-25附图

131

图7-26　　　　　　　　　　　　　图7-27

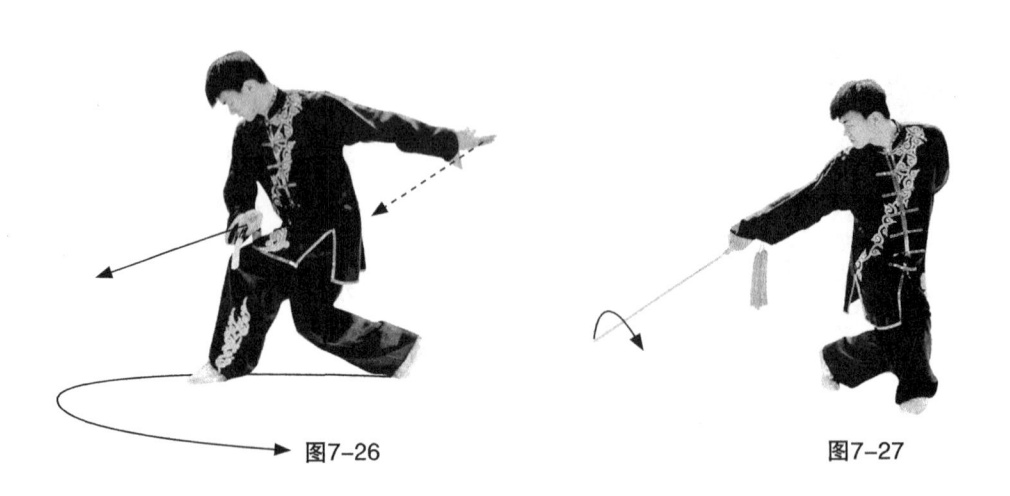

【要点】上云剑要仰头，左（右）云剑头向左（右）肩侧，腕关节灵活。剑尖横向侧方，以身带剑，力达剑刃中前端，目随剑动。交叉步，脚尖点地，两腿成交叉状。截剑，剑尖横向侧方，以身带剑，力达剑刃中前部，剑身斜平，下截剑斜向下。

第十一式　退步绞剑

接上势。左脚上步成马步；右手持剑向右翻转，左手动作不变。右脚向后撤步；右手持剑划圈，左手动作不变。左脚、右脚依次向斜后方退步，共5步，至右腿在前；同时，右手持剑手腕微松，从左向右依次绕环，剑尖斜向下；目视剑尖。（图7-28、图7-29）

图7-28

图7-29

【要点】以腕为轴，圈大如碗口，一步一剑，上下协调一致。步伐行云流水，起伏在同一水平线上。

第十二式　背身云交接剑

1. 接上势。右脚上步，重心下沉；右手持剑，平抹至身前做下云剑，左手剑指附于右手手腕。双腿直立；右手持剑与肩平行，左手打开。左脚向后方撤步做插步；左手剑指附于右肩。（图7-30、图7-31）

图7-30

峨眉拳　峨眉剑

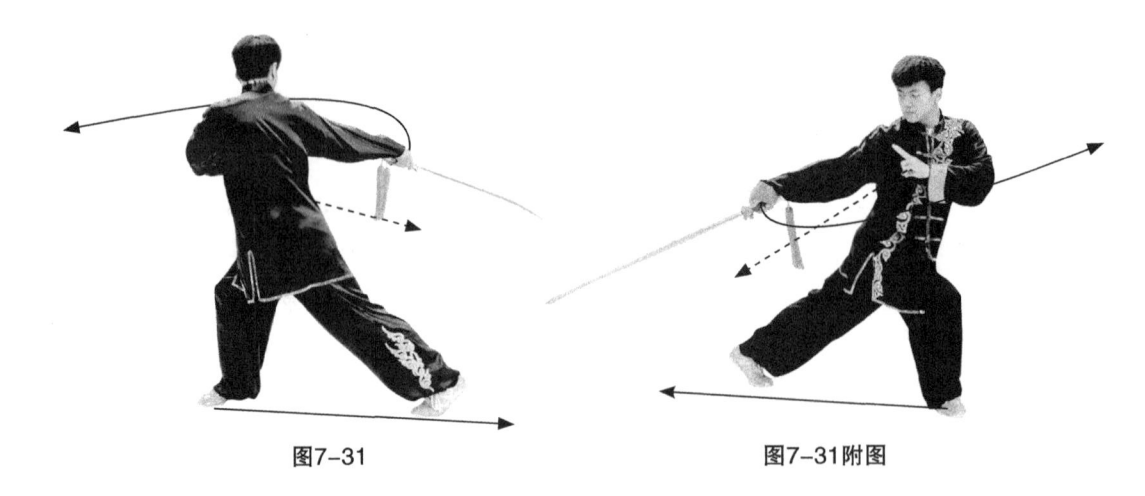

图7-31　　　　　　　　　　　图7-31附图

2. 接上势。向左转身；双手平抹展开，右手持剑做上云剑（过渡动作），左手剑指附于身体后方。下肢动作不变；右手持剑落于胸前，剑尖向左，手心向上，左手剑指从后方绕至前方在胸前接剑。右脚上步；左手持剑，向左平抹附于背后，右手向右平抹附于背后接剑，右手接剑的同时平抹至前方。（图7-32~图7-35）

图7-32　　　　　　　　　　　图7-32附图

134

第七章　峨眉剑套路动作图解

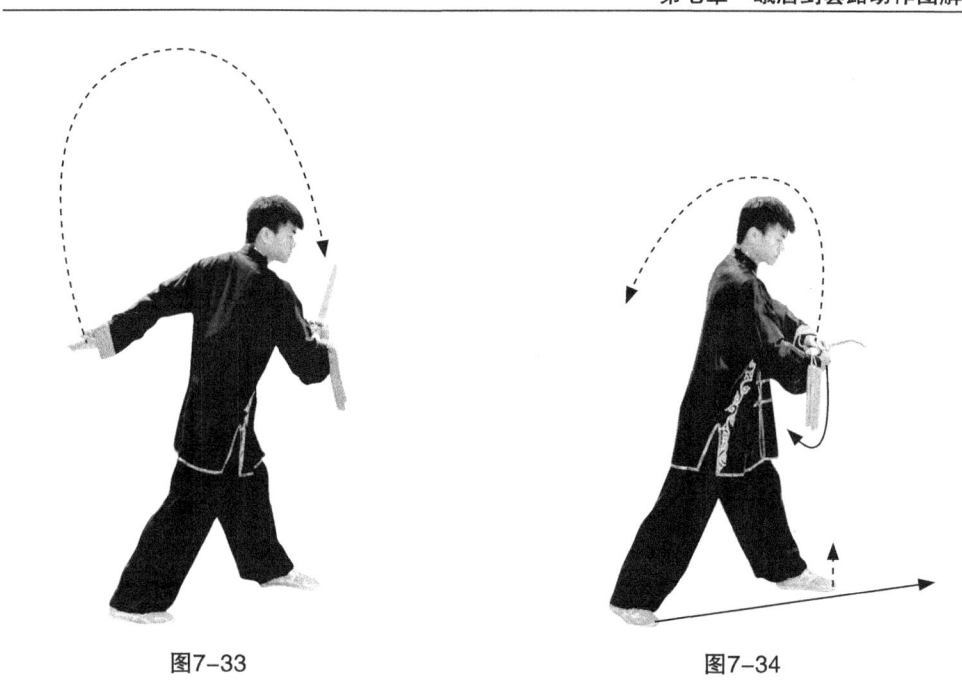

图7-33

图7-34

图7-35

【**要点**】云接剑动作要快速、连贯。云剑时要以手腕为轴，接剑时手的虎口要贴靠剑格（护手）。插步，脚尖点地，两腿成交叉状。如行云流水，起伏不要太大，应在同一水平线上。

第十三式　云剑跪步挑剑

接上势。下肢动作不变；右手持剑在头顶做云剑，平抹向左点剑，手心向上，左手剑指附于身体后方。从右至左涮腰，向右做跪步挑剑，右手持剑从右至左平抹涮腰划圆圈，左手剑指附在右肩。重心下沉；右手持剑，从下到上做挑剑，手心向左，剑尖向上，左手附于右手手腕；目视左方。（图7-36~图7-39）

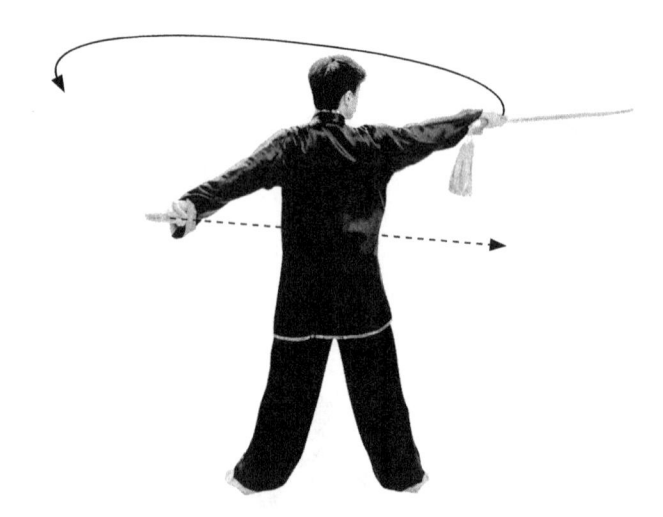

图7-36

图7-37

图7-38

图7-39

【要点】手腕带动剑绕环时,手腕放松。涮腰时,平抹划圆圈,腰的幅度要到位。挑剑,立剑,由下向上为挑,力达剑尖,臂与剑成一直线,虎口向上,力法较为沉稳柔顺。跪步时左膝不能着地。

第十四式　提膝穿剑

接上势。右脚向后撤步；双手展开，右手持剑，从下往上划弧抬肘至耳后，手心向外，左手剑指向前指出。左腿提膝的同时，右手持剑，从耳后直接向前穿出，手心向外，左手剑指回收附于右手手臂；提膝水平面过腰，脚面绷直，含胸；目视前方。（图7-40、图7-41）

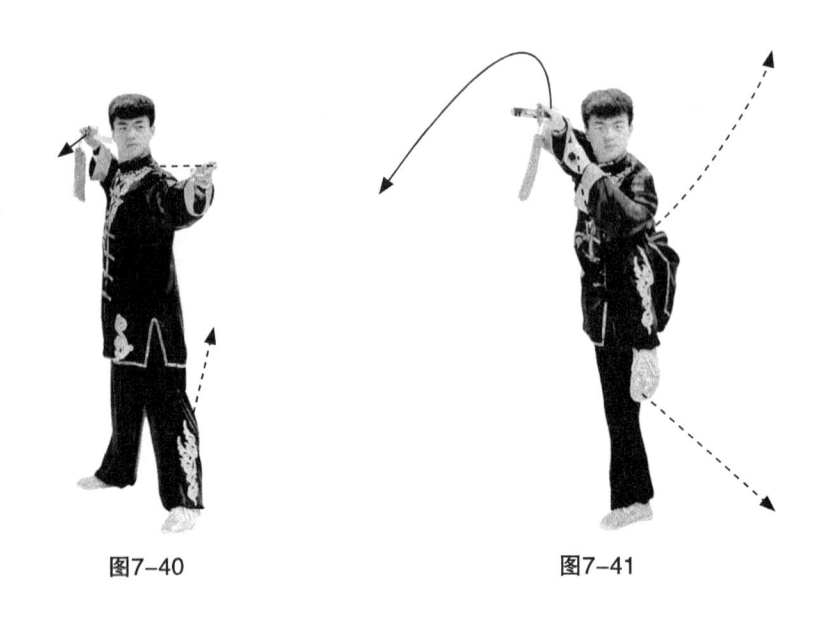

图7-40　　　　　　　　图7-41

【要点】穿剑，右手持剑，拇指、食指、中指实，无名指、小指虚，方便动作转换，贴紧耳朵直线穿出。提膝脚面绷直，过腰。

第十五式　戳脚前撩剑

接上势。左脚向前落步；右手从上往下划弧展开，左手剑指向下划弧展开（过渡动作），右手持剑，剑尖向上，水平高度不变。右脚脚跟与地面摩擦为戳（戳脚高度大约45°），脚面回勾，左腿微屈；双臂与起脚腿平行，右手持剑，从下往上划弧向前撩出，手心向右，剑尖朝前，左手剑指附于右手手腕；目随剑动。（图7-42、图7-43）

图7-42　　　　　　　图7-43

【要点】撩剑，贴身弧形撩出，力达剑身前部。戳脚高度不宜过高。

第十六式　并步抱剑

接上势。向左转身，右脚回收落步震脚与左脚并步，双腿微屈；双手向左绕于左胸前立抱剑，右手持剑，剑尖向上，手心向内，左手剑指附于右手手腕；目随剑动。（图7-44）

【要点】抱剑，剑尖朝上为立抱剑；剑尖朝前为平抱剑。立抱剑时剑身要直。身体微含。

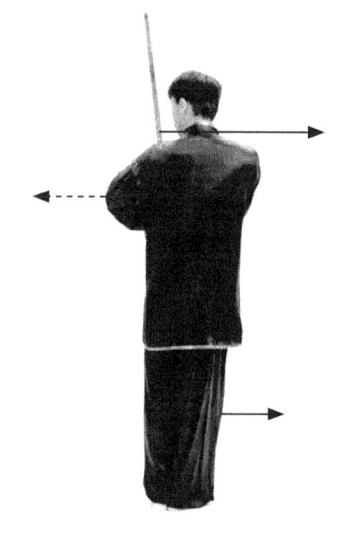

图7-44

第二段

第十七式　云剑扣步提膝

接上势。右脚向右斜前方落步的同时，双手打开，右手持剑展开，落于右脚落步的方向，右手持剑手心向上，左手剑指手心向上。反云剑扣步提膝，重心前移至右腿；左腿提膝的同时，右手持剑做反云剑位于头顶上方，手心向外，左手剑指附于右肩；目视前方。（图7-45、图7-46）

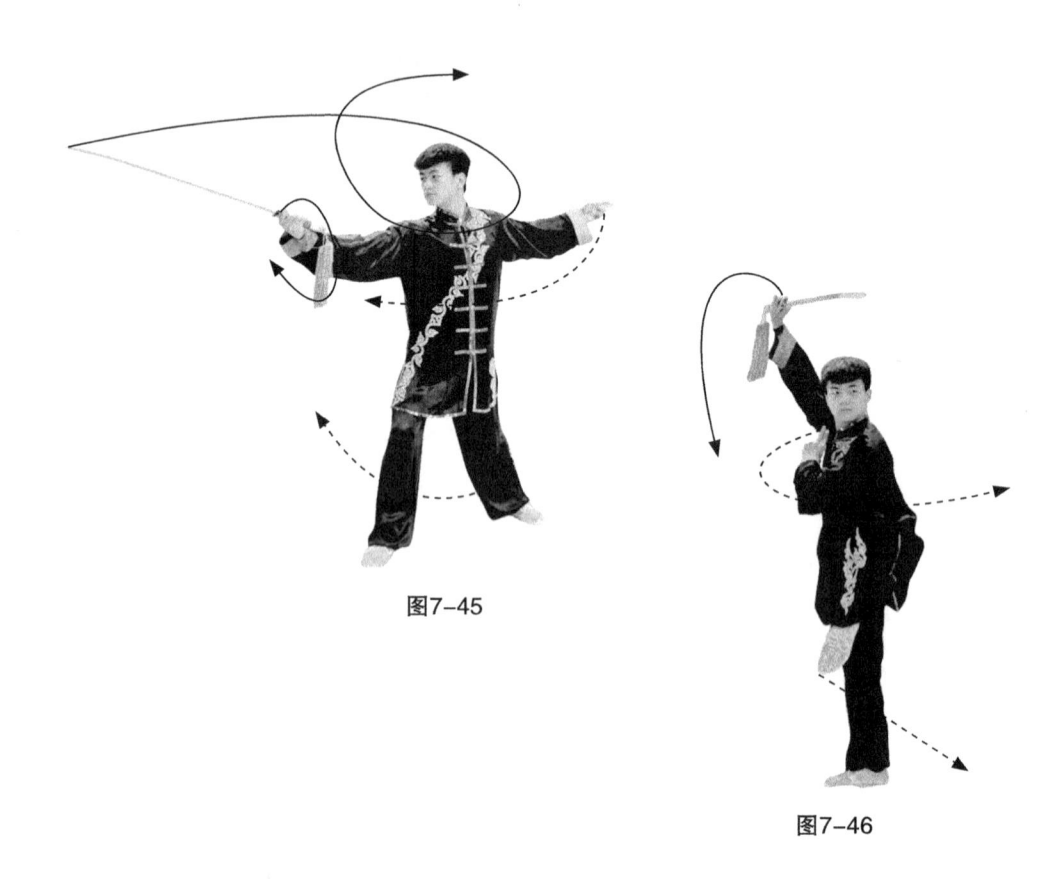

图7-45

图7-46

【要点】云剑时，在头顶上方平圆绕环，手腕关节要灵活。提膝，从后往前划弧提起，身体随之微转，脚面绷直，含胸。

第十八式　弧形步前点腿云斩剑

1. 接上势。先上左脚，随即跟右脚，左脚向左侧弧形步上步（共7步），至左腿在前；同时，右手持剑划弧展于前方，剑尖指向圆外，剑身平于肩，肘微屈，左手剑指从右肩展于左侧；目视剑尖。（图7-47）

2. 接上势。左脚在前，重心移至右脚，右腿微屈，身体后仰；同时，右手持剑，使剑身收于身体前侧，手心向上，虎口向左，左手剑指附于右手手腕，下颏微收；目视剑身。（图7-48、图7-48附图）

图7-47

图7-48　　　　　　　图7-48附图

141

3. 接上势。重心向前移至左脚，左腿微屈，右脚向前上方点出，略高于肩，脚面绷直；同时，右手持剑，手臂内旋，使剑身由左向后、向右经过头顶至斜前方做云斩剑，力达剑尖；目视剑尖。（图7-49）

图7-49

【要点】弧形步时，上体要正直，摆步、扣步要依次进行，摆步、扣步的脚尖始终朝着右半圆弧的方向。上云剑要仰头，点腿略高于肩。斩剑时力达剑刃。

第十九式　退步转身右挂剑

接上势。右脚后撤一步，两脚不动，身体向右拧转90°；同时，右手持剑，手腕外旋，使剑尖向下、向后、向上，沿身体右侧划立圆做挂剑，力达剑身，左手剑指随转体在身体左侧划半圆于头部左上方；目随剑动。（图7-50）

【要点】手腕内扣，松握剑，挂剑协调连贯，两臂抡立圆，上贴耳旁，下近腿侧，目随剑动。转身，随着进攻和防守的需要，有向左向右的转身，注意转身的方向和角度。

图7-50

第二十式　身前挂剑

接上势。上动不停。身体左转90°，右脚脚尖内扣；同时右手持剑，随转体使剑尖向上、向前、向左下挂剑至体前，剑尖向下，力达剑尖，左手剑指向下、向左沿体侧划至左侧平举伸展，手心向外，剑指向前，与右臂成一直线；目视剑尖。（图7-51）

【要点】挂剑，贴身走立圆，身体含胸拔背。

图7-51

第二十一式　提膝翻身左挂剑

接上势。上动不停。重心移至右腿，左腿提膝，脚面绷直，上体微右倾；同时右手持剑，使剑尖由下经两腿前左挂剑，力达剑身前段，左手剑指向身后上方领带，上架于头部左上方，掌心向上；目视左上方。（图7-52）

【要点】手腕内扣，松握剑，挂剑协调连贯，提膝翻身快速圆滑，两臂抡立圆，上贴耳旁，下近腿侧，目随剑动。翻身，躯干由前俯状旋转360°后仍成前俯状的动作。

图7-52

第二十二式　提膝翻身右挂剑

以右脚为轴,身体向左后方翻转270°;同时,右手持剑,随转体继续使剑尖向上、向前、向左下在体侧挂剑,左手剑指向后、向下随转体沿体侧划弧至左后下方,两臂微屈,含胸;目随剑动。(图7-53)

【要点】手腕内扣,松握剑,挂剑协调连贯,提膝翻身快速圆滑,两臂抡立圆,上贴耳旁,下近腿侧,目随剑动。翻身,躯干由前俯状旋转360°后仍成前俯状的动作。

图7-53

第二十三式　左右挂剑

1. 上动不停。重心移至左腿,右脚向左后方撤一步,两腿交叉;同时,右手持剑,使剑尖经腹前向后、向上贴身做挂剑,左手剑指附于右手腕内侧;目随剑动。(图7-54)

图7-54

2. 身体右转90°的同时，右手持剑剑尖向上、向前外旋，经右下在身体右侧划立圆向右后下方挂出，左手剑指由手腕处弧形打开，上架于头部上方。（图7-55）

【要点】左手配合左右挂剑。左挂剑时，两手相合于腹前，右挂剑时，两手上下分展，贴身挂剑，协调挂剑，剑走立圆，目随剑动。

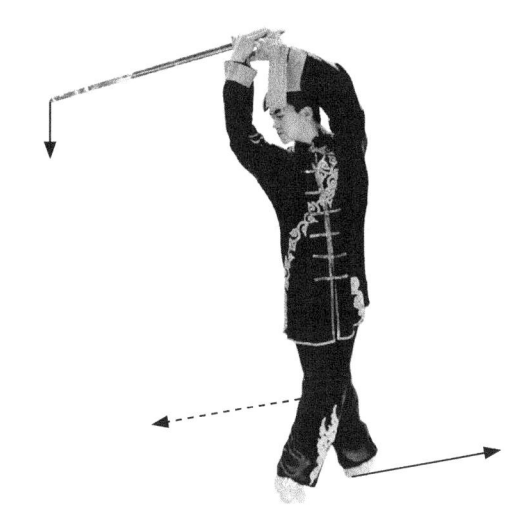

图7-55

第二十四式　仆步穿剑

1. 上动不停。左腿屈膝前弓，右脚后撤一步，成左弓步；同时，右手持剑，手腕内旋使剑格收于头前，手心向外，虎口向下，剑尖由后经上向左下垂，剑尖向下，左手剑指下落附于右手手腕；目视剑尖。（图7-56）

图7-56

2. 重心下降，身体右转，左腿屈膝全蹲，右腿伸直平仆，成右仆步；同时，右手持剑沿仆步经前向右下反手穿出，手心向后，左手剑指向左上方伸展；目视剑尖。（图7-57）

【要点】握剑松腕，先内旋后外旋，顺着仆腿的方向穿出，弓步与仆步的变换和腰的左转右旋要敏捷、灵活、连贯，上下相随，协调一致。

图7-57

第二十五式　平抹插步截剑

1. 接上势。重心右移，身体继续向右转，右腿屈膝前弓，成右弓步；同时，右手持剑，随重心前移旋转向前刺出，虎口向上，左手剑指微向下、向后伸展；目视前方。（图7-58）

图7-58

2. 重心前移，左脚向前上步；双手直接收回附于胸前抱剑（大约两个平拳的距离），双臂微屈，右手持剑，剑尖向后，手心向下，左手剑指附于右手手腕；目视左方。（图7-59）

图7-59

3. 撤右步横扫，右脚向右后方撤步，右脚尖点地；双手向前做平扫，两臂平于肩，右手持剑手心向下，左手剑指成立剑指。（图7-60）

图7-60

4. 右手持剑向左收剑，剑身附于左肩，手心向下，左手剑指指向左斜下方（过渡动作）；左腿撤步成插步，做插步截剑，左手剑指附于右肩；目随剑动。（图7-61、图7-62、图7-62附图）

图7-61

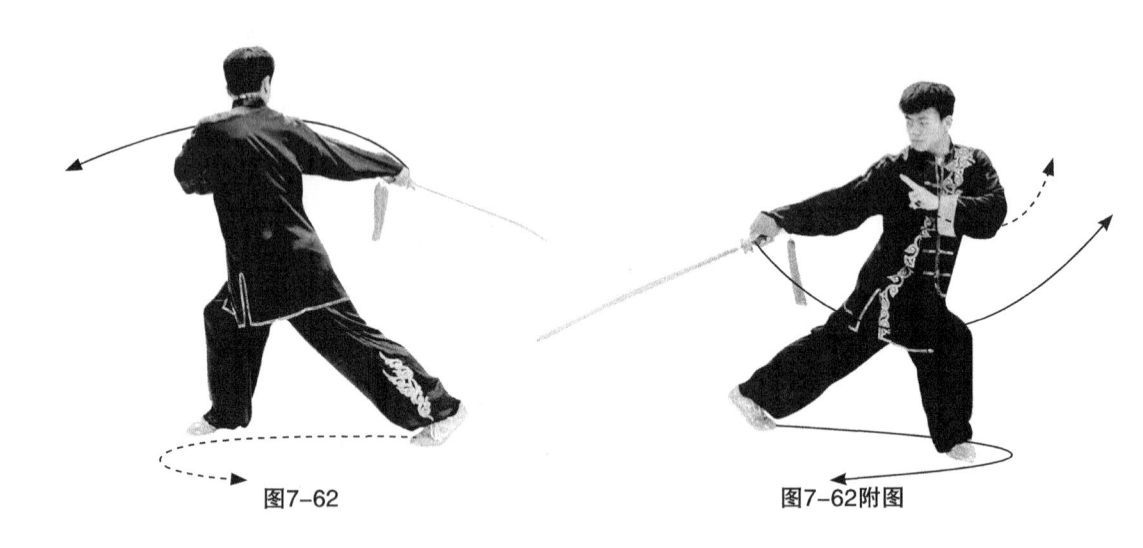

图7-62　　　　　　　　　　　图7-62附图

【要点】插步一脚向另一脚的后方（或向另一脚的前方）踏出，脚尖点地，两腿成交叉状。截剑时，剑身斜平。上截剑斜向上，下截剑斜向下。做平扫时，身体微微后缩，双脚向后小戳步。

第二十六式　行步云截剑

接上势。左脚向左前方上步，随之右脚上步；同时，右手持剑，平抹云剑，左手剑指绕至身后。左脚向前上步，覆盖在右脚前；同时，右手持剑，回收附于左手手臂上。右脚左前方上步，覆盖在左脚前；右手持剑平抹做下截剑，左手剑指绕至右肩前；目随剑动。（图7-63~图7-66）

图7-63

图7-64

图7-65　　　　　　　　　　　图7-66

【要点】行步时，如行云流水，起伏不宜太大，做到在同一水平线上。截剑，以身带剑，力达剑刃中前部，剑身斜平，下截剑斜向下。云剑，平剑，在头顶或头的前上方平圆绕环。腕关节灵活。

第二十七式　剪腕花刺剑仆步挑剑

接上势。在同一水平上，上左脚，右手持剑划弧到正前方做剪腕花，右脚上步，右手持剑收回腰间，左手剑指向前指出，左脚上步，重心移至中间，跨步斜刺剑，剑尖在头顶上方，左手剑指附于右肩，重心不变，左腿全蹲，右腿伸直，成仆步，同时，右手持剑，向下贴身划弧做反撩剑，至与肩平行做挑剑，右手持剑，手心向内，剑尖向上，剑指举于头顶前方，手心向上，目随剑动。（图7-67~图7-70）

【要点】剪腕花剑走立圆，快速连贯。刺剑时剑与手臂成一条线，力达剑尖。挑剑由下向上，力达剑尖，臂与剑成一直线。仆步时，右腿屈膝全蹲，臀部尽量下落，接近小腿，脚和膝关节外展，左腿挺直平仆，脚尖里扣，全脚掌着地。挺胸、塌腰、沉髋。

第七章　峨眉剑套路动作图解

图7-67

图7-68

图7-69

图7-70

151

第三段

第二十八式 马步格剑

接上势。撤右步回收抱剑，右脚回收并步，屈膝下蹲，右脚脚尖点地，成丁步；右手持剑，划弧回收附于腰前，手心向内，左手剑指附于右手手腕。右脚上步，随之左脚上步成马步格剑；双手动作不变，从腰间向前架剑于头顶正前上方，右手持剑，手心向外，剑尖斜下，左手剑指附于右手手腕；目视前方。（图7-71、图7-72）

图7-71　　　　　　　　　图7-72

【要点】抱剑，剑尖朝上为立抱剑；剑尖朝前为平抱剑。立抱剑时剑身要直。身体微含。马步，脚尖正对前方，屈膝半蹲，膝关节不超过脚尖，挺胸、塌腰。丁步，屈膝半蹲，裆间并拢，一脚脚尖点地，一脚全脚掌着地，同时挺胸、塌腰、落臀。格剑推出时，贴身向正前上方推出。

第二十九式　交叉步点剑

接上势。右腿绕于左腿前；同时，右手持剑向后划弧点剑，左手剑指由下向上划弧架于头顶上方；目视剑尖。（图7-73）

【要点】交叉步，一脚向另一脚的后方（或向另一脚的前方）踏出，脚尖点地，两腿成交叉状。点剑，力达剑尖。

图7-73

第三十式　击步点剑

接上势。左脚向前上步成马步（过渡动作）；右手持剑回收于右肩，左手剑指附于右臂。左脚向右脚并步做击步；右手持剑向前点剑，左剑指手略比右手高。此动作重复两次。（图7-74、图7-75）

图7-74

【要点】击步动作连贯,点剑力达剑尖,同时进行。

图7-75

第三十一式　跃步劈剑

1. 接上势。左脚上步;同时,右手持剑在身前挂剑,手腕内旋,剑尖斜向下,左手剑指附于右手手腕。右腿提膝;同时,双手架于头顶前,右手持剑,手心向外,剑尖向斜下,左手剑指附于右手手腕;目视左方。(图7-76)

图7-76

2. 接上势。预备起跳，起跳背腿点剑，右脚落步时纵跳，左腿弯曲90°背于右脚后方，脚面绷直，右腿伸直；双臂展开，右手持剑向后劈剑，力达剑刃，左手剑指附于头顶斜上方，目视剑尖。（图7-77）

【要点】大跃步，双脚蹬地向后腾空，脚面绷直。劈剑时双手向上与身体在空中呈反弓形，同时进行。劈剑时力达剑刃。

图7-77

第三十二式　左弧形步挂剑

接上势。左弧形步挂剑，左右脚依次上步，共上7步，至左脚在前，左脚向左斜前方落步；同时，右手持剑，剑尖向上划弧在身前挂剑，剑尖向左，左手剑指附于右手手腕，剑尖从左腰绕环逐渐向上直到头顶上方（过渡动作）；目随剑动。（图7-78、图7-78附图、图7-79）

图7-78 　　　　　　　　图7-78附图

峨眉拳　峨眉剑

【要点】弧形步，上体要正直，摆步、扣步要依次进行，摆步、扣步的脚尖始终朝着左（右）半圆弧的方向。走弧形步时，身体保持同一水平运动，速度平缓，如行云流水。挂剑，肘部应当固定不动，靠肩部带动剑运行，立剑贴身挂出，力达剑身前端。

图7-79

第三十三式　插步反手穿剑

接上势。右弧形步，右左脚依次上步，共上5步，至右脚在前；右手持剑，从上至下划弧绕至右下侧，剑尖向斜上方，左手剑指附于右手手腕。向左上步，随之右脚向左脚后方插步；双手从右侧举于头顶，右手持剑做反手穿剑（过渡动作），剑尖向左，左手剑指附于右手手腕；目随剑动。（图7-80、图7-81）

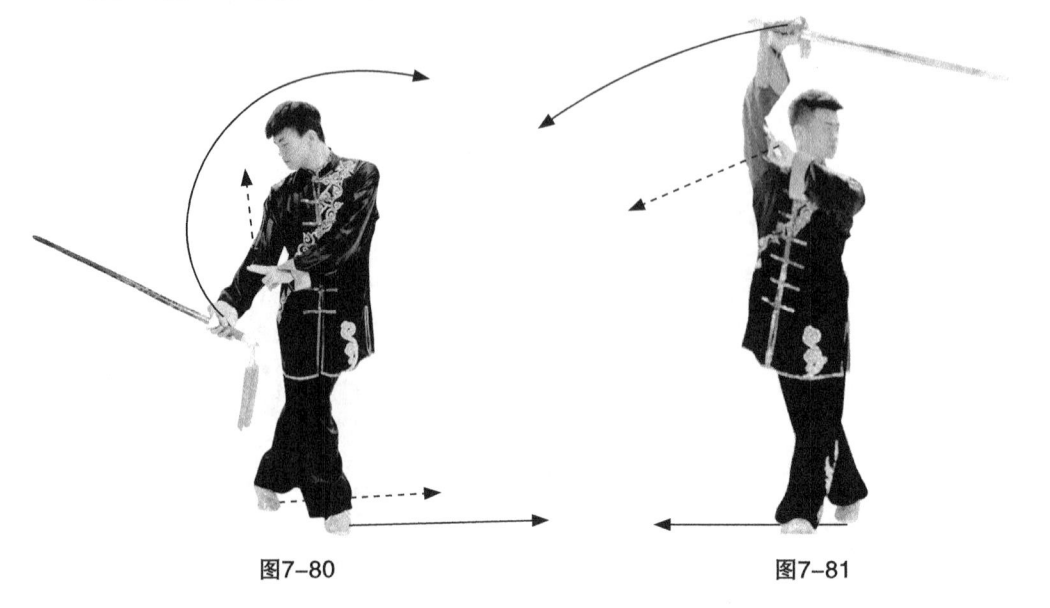

图7-80　　　　　　　　　图7-81

156

【要点】弧形步，上体要正直，摆步、扣步要依次进行，摆步、扣步的脚尖始终朝着左（右）半圆弧的方向。走弧形步时，身体保持同一水平运动，速度平缓。插步，一脚向另一脚的后方（或向另一脚的前方）踏出，脚尖点地，两腿成交叉状。

第三十四式　弓步劈剑

接上势。反手穿剑动作不停顿。身体微向右转动，右脚向右前方上步成弓步；右手持剑，向右划弧至前方满握剑做劈剑，剑尖斜向上，力达剑刃，左手剑指附于右手手腕；目视前方。（图7-82）

图7-82

【要点】弓步，后脚向内扣45°，前腿弓，后腿绷；挺胸、塌腰、沉髋。劈剑时剑尖斜向上，力达剑刃。

第三十五式　撩剑后踢

1. 接上势。重心移至左脚；右手持剑动作不变，左手剑指向斜后方指出。身体向左转，右脚上步，右脚脚跟与地面摩擦为戳（高度大约45°），脚尖回勾，左脚微屈；右手持剑向前撩出，手心向上，剑尖朝前，左手剑指附于右手手腕；目随剑动。（图7-83、图7-84）

2. 向左转身，右脚回收落步震脚与左脚并步，双腿微屈；双手向左绕于左胸前立抱剑，右手持剑，剑尖向上，手心向内，左手剑指附于右手手腕。撩剑后踢腿，右腿向后方弯腿后踢，左腿微弯，身体向左倾斜30°；右手持剑做反撩剑，左手剑指向左斜上方指出；目随剑动。（图7-85、图7-86）

图7-83

图7-84

图7-85

图7-86

【要点】戳脚高度不宜过高。抱剑，剑尖朝上为立抱剑；剑尖朝前为平抱剑。立抱剑时剑身要直。身体微含。撩剑时贴身弧形撩出，力达剑身前端。

第三十六式　点剑马步下截剑

1. 接上势。右脚向下落步，随之左脚向后退步做马步，身体向后微倒；双臂微屈，右手持剑，剑尖附于右臂后方，左手剑指附于右手手臂。右脚向后与左脚并步，双脚尖点地做击步；右手持剑，向前点剑，左手剑指向后指出，左手剑指与剑尖成一条斜线；目随剑动。（图7-87、图7-87附图、图7-88）

图7-87　　　　　　　　　图7-87附图

图7-88

2. 左脚向左跨步；右手持剑做反剪腕花；重心下移做马步；双手回收附于左胸前（两个平拳的距离），右手持剑附于左胸前，手心向内，剑尖向上，左手剑指在右手手腕；目视右手（过渡动作）。下肢动作不变，向右摆头；同时，右手持剑，平抹至右下方做下截剑，手心朝下，剑尖向斜下方，左手剑指附于头顶前方；目视剑尖。（图7-89、图7-89附图、图7-90）

图7-89　　　　　　　　　　图7-89附图

图7-90

【要点】马步脚尖正对前方，屈膝半蹲，膝关节不超过脚尖，全脚着地，身体重心落于两腿之间，挺胸、塌腰，脚跟外蹬。剪腕花，以腕为轴，立剑在臂两侧向前下贴身立圆绕环，剑走立圆，快速连贯，力达剑尖。下截剑，以身带剑，力达剑刃中前部。上截剑斜向上，下截剑斜向下。

第四段

第三十七式　退步左右抹剑

接上势。右脚向后退步至左脚后；同时，右手持剑，剑柄至剑尖依次向左移动。左脚向后退步至右脚后；右手持剑，剑柄至剑尖依次向右移动，手心向上，左手剑指附于剑柄上；目视剑尖。此动作各做4次，至左脚在前。（图7-91、图7-92）

图7-91

图7-92

【要点】右手持剑，剑身要平，退步行走时，水平高度一致。

第三十八式　进步剪腕花点剑

1. 接上势。左脚向后小跳，右脚随之依次跳动落步成马步；同时，右手持剑，做反剪腕花划弧附于左腰，左脚向前上步；同时，右手持剑，从下至上贴身做反撩剑。（图7-93、图7-94）

2. 右脚向前上步，重心移至中间；同时，右手持剑，做内外剪腕花收回胸前（两个平拳的距离）。左脚向前插步，覆盖在右腿前；右手持剑向前点剑，左手剑指附于剑柄，剑尖朝下。（图7-95、图7-96）

图7-93

图7-94

【要点】剪腕花，以腕为轴，立剑在臂两侧向前下贴身立圆绕环，剑走立圆，贴身，快速连贯，力达剑尖。撩剑，力达剑身前端。贴身弧形撩出，力达剑身前端。插步，一脚向另一脚的后方（或向另一脚的前方）踏出，脚尖点地，两腿成交叉状。

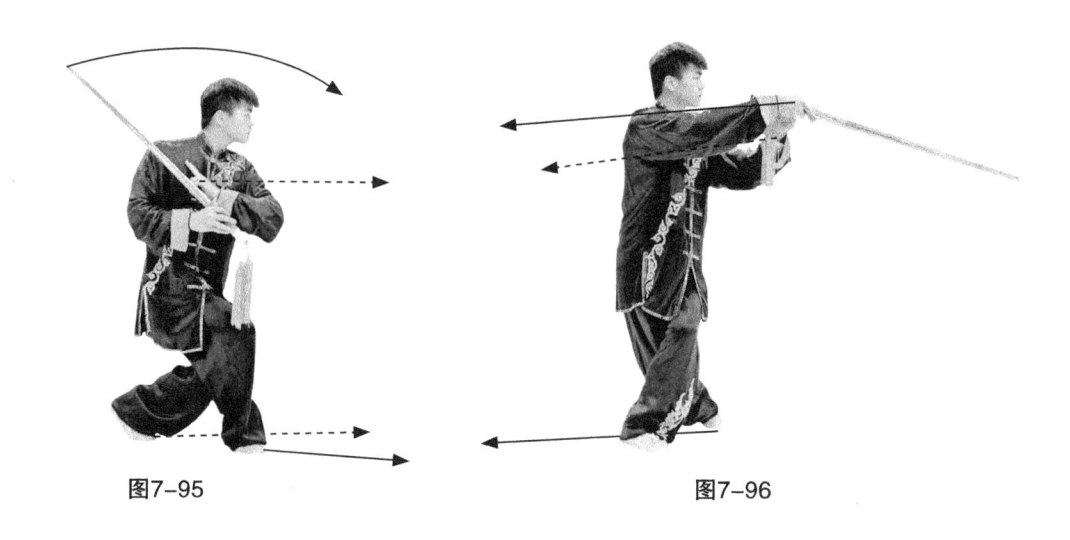

图7-95　　　　　　　　　　图7-96

第三十九式　击步持剑双顶肘

接上势。右脚向右上步成马步，左脚随之并步；同时，右手持剑，向右平拉顶肘，左手剑指附于右手手腕。右脚向右上步，左脚随之跟步提膝；右手持剑，顶肘，左手剑指附于右手手腕；目视剑尖。（图7-97、图7-98）

【要点】 连贯，快速。此动作做两次，第一次并步，第二次提膝，顶肘为平顶肘。

图7-97 　　　　　　　　　　图7-98

第四十式　弓步平举剑

1. 接上势。左脚向左前方落步，随之右脚上步，左脚扣于右腿膝关节后方；同时，左手剑指向前指出，右手持剑，向前平推做展剑，手心向上，剑尖向右，左手剑指回收附于右手手臂。（图7-99）

2. 左脚向后转身撤步，右脚随之并步；左手剑指向前指出，右手持剑平推做展剑，手心向上，剑尖向右，左手剑指收回附于右手手臂。（图7-100）

3. 左脚向后转身撤步成弓步；同时，右手持剑，平拉至胸前正前方举剑（两个平拳的距离），剑身与地面平行，手心向内，剑尖向右，左手剑指从右至左划弧至身后，剑指手心向右；目视前方。（图7-101）

图7-99

图7-100

图7-101

【要点】弓步，膝与脚尖垂直，右腿挺膝伸直，脚尖内扣，两脚全脚着地，前腿弓，后腿绷；挺胸、塌腰、沉髋。左右转身时，持剑开步站立，身体左转、右转，剑随身走。

第四十一式　跟步刺剑（图7-102）

接上势。站立，向右转身，右脚上步，随之左脚跟步；同时，右手持剑，直接从胸前平刺剑，手心向上，左手剑指附于右手手腕；目视前方。（图7-102）

【要点】左右转身时，持剑开步站立，身体左转、右转，剑随身走。刺剑，力达剑尖，剑与手臂成一直线。

图7-102

第四十二式　云剑插步截剑

接上势。重心下移成马步；同时，双手直接回收附于左腰前（两个平拳的距离），右手持剑，手心向上，剑尖向右，左手剑指附于右手手腕。左脚上步，转身，右脚退步；同时，双手刺出，在头顶上方做云剑。下肢动作不变，向右后方转身，重心下移做插步；同时，右手持剑，平抹至右斜向下做截剑，剑尖向斜下方，左手剑指附于右肩；目视剑尖。（图7-103~图7-106、图7-106附图）

图7-103

峨眉拳　峨眉剑

图7-104

图7-105

图7-106

图7-106附图

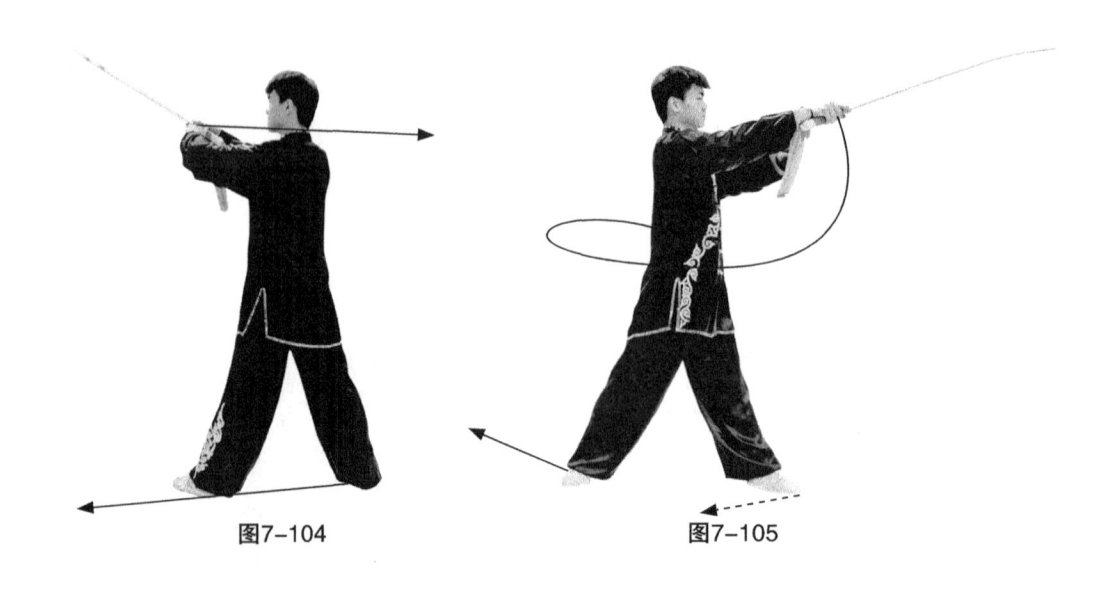

【要点】马步，脚尖正对前方，屈膝半蹲，膝关节不超过脚尖，挺胸、塌腰，脚跟外蹬。云剑，平剑，在头顶或头的前上方平圆绕环，腕关节灵活。插步，一脚向另一脚的后方（或向另一脚的前方）踏出，脚尖点地，两腿成交叉状。截剑，剑尖横向侧方，以身带剑，力达剑刃中前端，剑身斜平。下截剑斜向下。

第四十三式　左上步截剑

接上势。左脚向左斜前方上步，随之右脚、左脚依次上步，共3步，至左脚在前；同时，右手持剑，回收至胸前（一个平拳的距离），向左斜前方推出做截剑，手心向内，剑尖向斜下方，向前推出与左脚平行，方向一致，左手剑指附于右手手腕；上肢不变，目随剑动。（图7-107）

【要点】含胸，截剑，手腕灵活，握把松活。

图7-107

图7-108

第四十四式　右上步截剑

接上势。右脚向右斜前方上步，随之左脚、右脚依次上步，共3步，至右脚在前；同时，右手持剑，回收至胸前（一个平拳的距离），旋转向右斜前方推出做截剑，手心向外，剑尖向斜下方，向前推出与右脚平行，方向一致，左手剑指附于右手手腕；上肢不动，目随剑动。（图7-108）

【要点】含胸，截剑，手腕灵活，握把松活。

第四十五式　云截剑翻身

1. 左脚上步，右脚继续蹬出，身体后仰；同时，右手持剑，右腕先内旋后外旋，使剑尖由前至左、向后平云带剑，手心向上，虎口向左，左手剑指附于右手手腕；目视上方。（图7-109）

2. 重心右移，左脚提膝上摆，右脚蹬地纵跳，左脚向前落步；同时，右手持剑，剑尖由头顶向后、向右、向斜下方弧形截剑至前下方，手心向左，左手剑指附于右手手腕处；目随剑动。（图7-110）

图7-109

图7-110

3. 右脚向前上步，右腿伸直，重心仍在左腿，上体后仰，尽量接近水平；同时，右手持剑，剑尖由下向右后方顺势摆剑，剑与肩平，以腰带剑，力达剑身前段，手心向上，左手剑指向左、向后划弧附于右臂；目视剑尖。（图7-111）

图7-111

4. 身体向左水平翻转180°，左右脚以前脚掌为轴向左后方蹍转180°，翻身压剑，成骑龙步；同时左手剑指附于右手手臂，右手持剑，剑身保持水平，力达剑尖；目视前方。（图7-112）

图7-112

【要点】 云剑，平剑，在头顶或头的前上方平圆绕环为云。截剑，剑尖横向侧方，以身带剑，力达剑刃中前端，剑身斜平，下截剑斜向。翻身，躯干由前俯状旋转360°后仍成前俯状的动作。

第四十六式　弓步展剑

1. 接上势。右脚向前上步震脚，随之左脚跟步成马步；同时，右手持剑，收回右腰间，手心向上，剑尖向前，左手剑指附于右手手腕；目视剑尖。（图7-113）

图7-113

2. 重心前移，转弓步；双手从右腰间直接平抹推出展剑，右手持剑，手心向上，手臂微屈，剑尖向右方，左手剑指附于右手手腕；目视前方。（图7-114、图7-114附图）

图7-114

图7-114附图

【要点】马步，脚尖正对前方，屈膝半蹲，膝关节不超过脚尖，大腿接近水平，全脚着地，挺胸、塌腰，脚跟外蹬。弓步，脚微内扣，屈膝半蹲（大腿接近水平），膝与脚尖垂直；右腿挺膝伸直，脚尖内扣，两脚全脚着地，上体正对前方，眼向前平视。前腿弓，后腿绷；挺胸、塌腰、沉髋。

第四十七式 虚步架指

1. 接上势。重心后移，成马步；同时，双手直接回收至胸前收剑，剑尖朝前，右手持剑，手心向内，左手变掌附于剑柄上；目视前方。（图7-115）

图7-115

2. 右脚向前上步，随之左脚上步，脚尖点地为虚步（双脚之间间隔一拳距离）；同时，左手接剑，绕至头顶斜前方，右手剑指向右斜方45°指出；目视剑指方向。（图7-116）

【要点】马步，脚尖正对前方，屈膝半蹲，膝关节不超过脚尖，大腿接近水平，全脚着地，挺胸、塌腰，脚跟外蹬。虚步，膝关节微屈，以脚前掌虚点地面，脚面绷平并稍内扣，挺胸、塌腰，身体重心落在右腿。

图7-116

第四十八式　并步持剑按指

接上势。起身；同时左手持剑收回腰间，右手剑指直接举于头顶；目视剑指。左脚并步；同时，剑指从上向下按至腰间；目视前方。（图7-117、图7-118）

【要点】抬头，挺胸，并步站立。

图7-117 　　　　图7-118

第四十九式　收势

接上势。双手从腰间落于身侧，身体正直，并步直立，面向正前方；左手持剑，以拇指为一侧，中指、无名指和小指为另一侧，分别握住护手盘与剑柄的分界处，掌心贴在护手盘下部，手背朝前，食指贴于剑柄，剑身贴于前臂后侧，右手握成剑指，食指和中指伸直并拢，无名指和小指屈向手心，拇指压在无名指的指甲上，手背朝上，食指、中指内扣指向左下侧，两臂在体侧下垂；目视前方。（图7-119）

图7-119

【要点】抬头，挺胸，并步站立。

第三节　峨眉剑套路动作路线图

无画线标注视为原地动作。

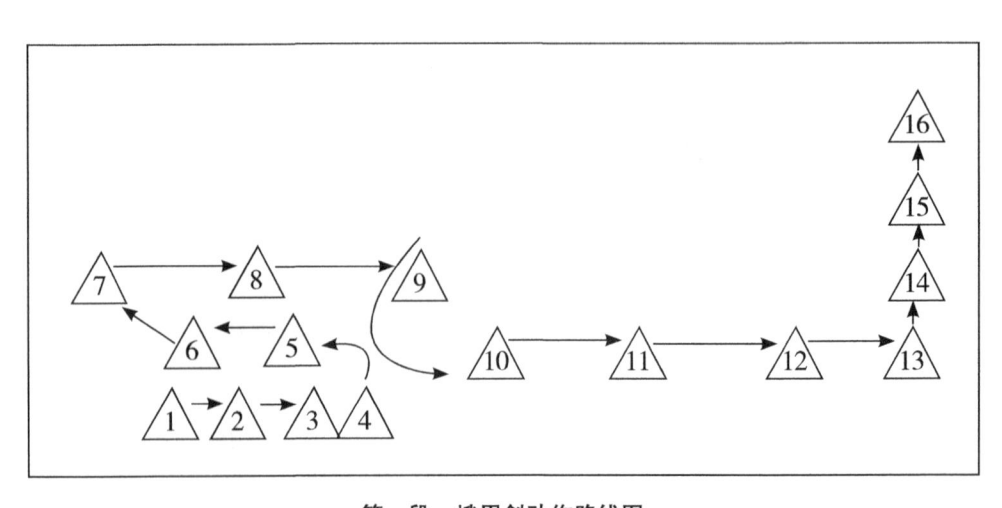

第一段　峨眉剑动作路线图

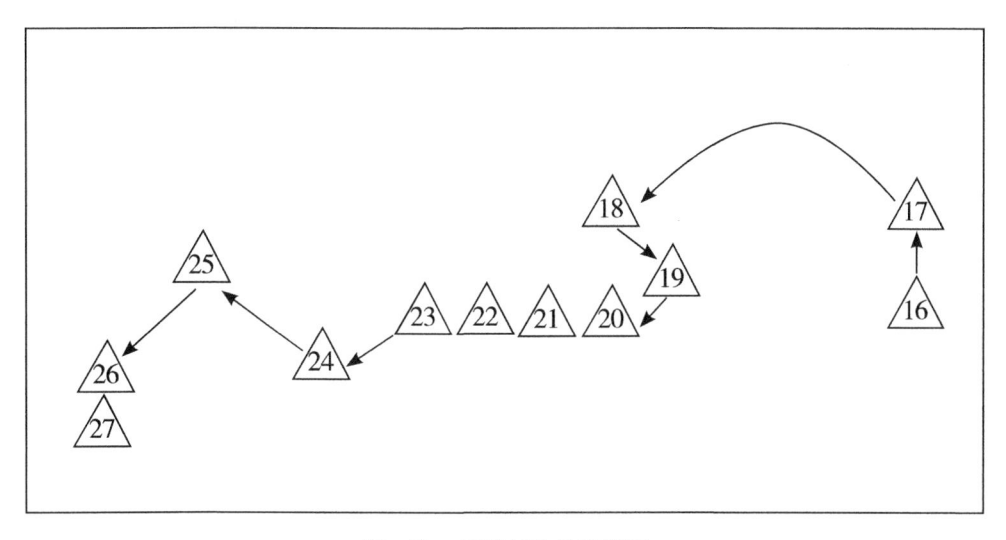

第七章 峨眉剑套路动作图解

第二段 峨眉剑动作路线图

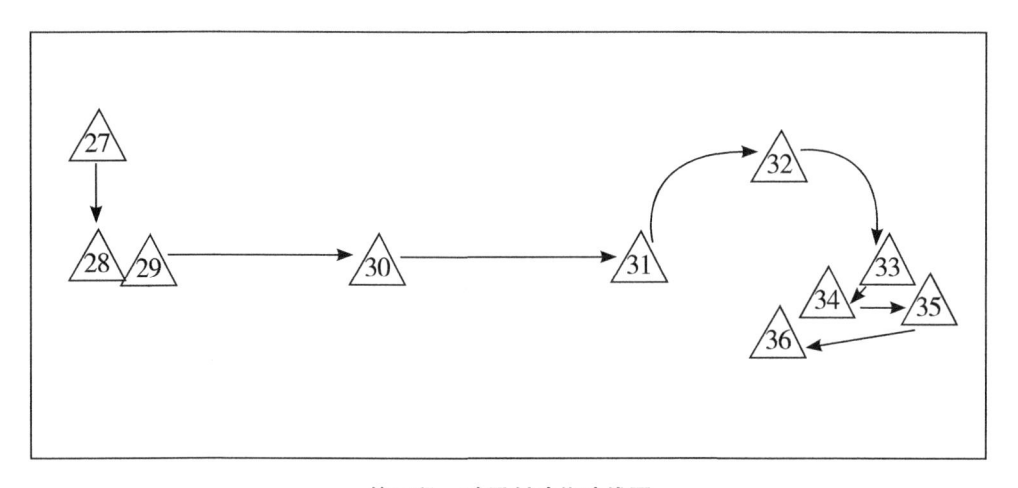

第三段 峨眉剑动作路线图

173

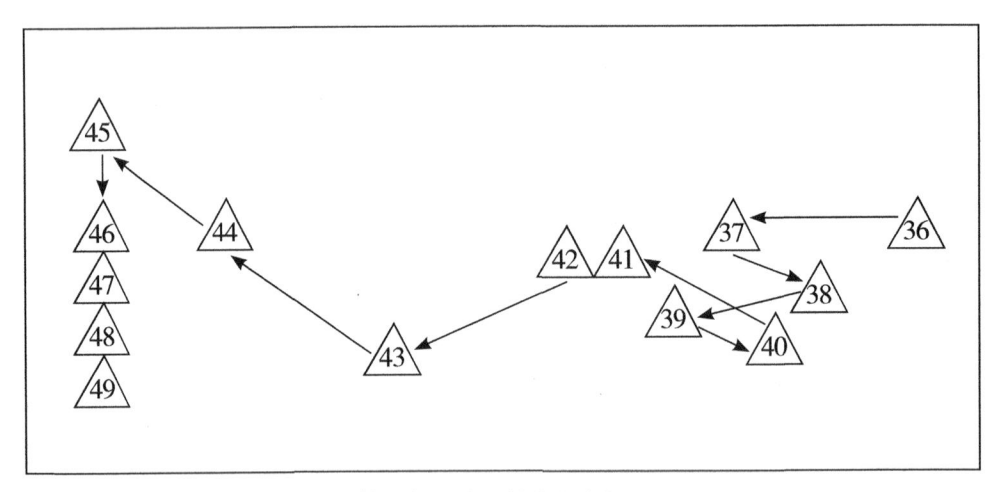

第四段　峨眉剑动作路线图

参考文献

[1] 赵斌,梅家祥.新峨眉功夫［M］.成都:西南交通大学出版社,2018.

[2] 四川省武术协会.峨眉武术史略［M］.北京:人民体育出版社,2017.

[3] 于铁成.峨眉武术的前世今生［M］.成都:西南交通大学出版社,2017.

[4] 峨眉拳编写组.峨眉拳一、二路［M］.成都:四川科学技术出版社,1993.

[5] 崔乐泉.21世纪的中国体育文化与中国民族传统体育文化研究［J］.山东体育学院学报,2001(4).

[6] 张小林.峨眉武术文化资源开发与产业化运作的思考［J］.西安体育学院学报,2009,26(2).

[7] 王明建,李文鸿,张峰,陶朔秀.地域武术文化品牌的构建与应用研究——以四川峨眉武术为例［J］.山东体育学院学报,2016,32(4).

[8] 代凌江.峨眉武术分类问题的现状研究［J］.山西师大体育学院学报,2008,(2).

[9] 周伟良.史学视野中的峨眉武术史研究［J］.搏击·武术科学2012,9(1).

[10] 王亚慧.峨眉武术旅游策划［J］.中国商贸,2010,(16).

[11] 赵斌,代凌江.峨眉武术文化的特征与发展路径［J］.上海体育学院学报,2015.7.

[12] 陈振勇,qing201701.访谈,成都体育学院科研楼4楼办公室。2017-9-25.

[13] 胡鞍钢,方旭东.全民健身国家战略:内涵与发展思路［J］.体育科学,2016,36(3).

[14] 赵斌,代凌江.繁荣发展峨眉武术文化的目标、方向与实施路径研究［J］.四川省哲学社会科学"十二五"规划项目(SC11XK015).

[15] 四川省体育运动委员会,四川省武术遗产挖整组.四川武术大全［M］.成都:四川科学技术出版社,1989.

[16] 郑若曾.江南经略［O］.文渊阁《四库全书·子部·兵家类》.

［17］四川省地方志编纂委员会.四川省志·体育志［M］.成都：四川科学技术出版社，1998.

［18］重庆体育运动委员会编，重庆武术志［M］.重庆：重庆出版社，1993.

［19］马力.中国古典武学秘籍录（上卷）［M］.北京：人民体育出版社，2006.

［20］冉学东，李传国.八卦龙形剑与八卦散手刀［M］.北京：人民体育出版社，2012.

［21］全国体育院校教材委员会.中国武术教程（上册）［M］.北京：人民体育出版社，2004.

［22］国家体育总局武术研究院.剑术：中国武术段位系列教程［M］.北京：高等教育出版社，2009.

［23］张培莲.峨眉武术丛书：峨眉剑［M］.成都：四川科学技术出版社，1985.

［24］《中国武术百科全书》编撰委员会.中国武术百科全书［M］.北京：中国大百科全书出版社，1998.